▶▶▶ La scrittura giapponese (kanji)

Collana Senza Sforzo

di
**Catherine Garnier e
Toshiko Mori**

Adattamento italiano di
Isabella Guarino

Casella Postale 80, 10034 Chivasso - TO
+390119131965 - info@assimil.it
www.assimil.it

© Assimil Italia 2019
ISBN 978-88-85695-13-9

I nostri metodi

sono disponibili con
l'audio su CD o in Mp3.

Scoprili anche
su assimil.it

Senza Sforzo

Arabo, Cinese, Ebraico, Francese, Giapponese, Greco moderno, Greco antico, Inglese, Inglese americano, Latino, Neerlandese, Persiano, Polacco, Portoghese, Portoghese brasiliano, Russo, Spagnolo, Svedese, Tedesco, Turco, Ungherese

Perfezionamenti

Francese - Inglese - Russo - Spagnolo - Tedesco

Affari

Inglese

E-Metodi

Francese
Inglese
Inglese americano
Perfezionamento dell'inglese
Spagnolo
Perfezionamento dello spagnolo
Tedesco
Perfezionamento del tedesco

Titolo dell'edizione originale francese:

Le japonais kanji – Collection Sans Peine   © *Assimil France 2014*

Sommario

Introduzione V

Presentazione dei kanji 1

Allegati 191

   Allegato 1: Tavola dei radicali 193

   Allegato 2: Dialoghi delle lezioni del manuale di lingua 201

Indice dei kanji 249

Introduzione

Fin dall'introduzione del manuale *Il Giapponese, Collana Senza Sforzo* non vi abbiamo nascosto che la vera difficoltà di questa lingua è la sua scrittura. Se avete provato a scrivere seguendo le lezioni ve ne sarete di certo resi conto da soli.

Vi avevamo anche detto che, dopo tutto, i giapponesi sanno leggere e scrivere i kanji e che quindi non c'è alcun motivo per cui non ci possiate riuscire anche voi. Il segreto sta nell'impegno regolare, ma a questo siete già abituati. Inoltre, così come per gli hiragana e i katakana, ci sono parecchi kanji che sapete già riconoscere, poiché li avete visti molte volte: ne conoscete il significato e anche alcune letture. Non rimane che mettere un po' d'ordine nelle vostre conoscenze, sistemarle e completarle: è il primo obiettivo che si prefigge questo manuale di scrittura. Per questo motivo riprenderemo i 927 kanji che sono stati presentati nel manuale *Il Giapponese, Collana Senza Sforzo*, secondo l'ordine di apparizione nelle 98 lezioni, proponendovi un'analisi più approfondita di ciascuno di essi.

Ma vogliamo anche guardare più lontano e questa è la vera ambizione del nostro manuale: insegnarvi ad apprendere i kanji in modo che possiate continuare a progredire in autonomia. Per questo motivo, di ciascuno dei kanji presentati vi sarà fornito un certo numero di informazioni, che inizialmente vi potranno sembrare inutili, ma che si riveleranno un prezioso punto di riferimento in seguito, quando vi troverete da soli alle prese con dei "veri" testi giapponesi.

Il primo importante passo da compiere nel vostro percorso sarà leggere molto attentamente questa introduzione, in maniera da poter affrontare i kanji nelle migliori condizioni possibili.

1. I kanji: il minimo da sapere per capire qualcosa

• **Un po' di storia**

Cominciamo con un piccolo viaggio nel tempo e nello spazio. Immaginate per qualche istante di essere un giapponese, o una giapponese, dei primi dieci secoli dopo Cristo: parlate la vostra lingua, ma non possedete un sistema di scrittura (è una situazione comune a numerose altre popolazioni; i popoli che hanno inventato un sistema di scrittura si possono contare sulle dita di una mano, tutti gli altri si sono limitati a prenderne in prestito uno). Un giorno scoprite, grazie a diversi contatti, un sistema di scrittura ma, sfortunatamente, si tratta degli ideogrammi inventati dai cinesi. La lingua cinese è completamente diversa dalla vostra, tuttavia è l'unico mezzo di scrittura che conoscete: cercate allora di cavarvela provando diverse soluzioni.
Facciamo un esempio.

Decidete un giorno di partire per un viaggio e allora lasciate alla vostra famiglia un messaggio che significa: "Parto per un viaggio", vale a dire, in giapponese, **tabi ni ikimasu**. Ma come si scrive con questi ideogrammi?

A.
Non vi preoccupate del significato di ogni ideogramma, ma lo usate solamente per la sua pronuncia (del resto molto approssimativa, dal momento che ci sono molti suoni che esistono in cinese, ma non in giapponese). Scrivete ad esempio:

太比仁以幾末寸

太	si pronuncia (più o meno) **ta** e significa *grosso*
比	si pronuncia **hi** e significa *paragonare*
仁	si pronuncia **ni** e significa *bontà*
以	si pronuncia **i** e significa *avere*
幾	si pronuncia **ki** e significa *qualche*
末	si pronuncia **ma** e significa *estremità*
寸	si pronuncia **su** e significa *un piede* (30 cm)

Ogni segno perde il suo valore di ideogramma per mantenere solo quello fonetico. Una specie di rebus! È dalla trasformazione di questi segni che nasceranno gli hiragana:

太	diventa	太	e quindi	た
比	diventa	比	e quindi	ひ
仁	diventa	仁	e quindi	に
以	diventa	い	e quindi	い
幾	diventa	幾	e quindi	き
末	diventa	末	e quindi	ま
寸	diventa	す	e quindi	す

Naturalmente ci saranno delle tappe intermedie, dal momento che questa trasformazione avverrà in un periodo abbastanza lungo.

B.

Il primo sistema vi sembra un po' lungo: bisogna scrivere un ideogramma complicato per ogni sillaba ed è troppo faticoso! Vi sembra più semplice utilizzare gli ideogrammi per il loro significato, prendendo quello che significa "viaggio" e quello che significa "andare", rispettivamente 旅 e 行. Va già meglio, ma siete ancora un po' incerti. Allora vi si offrono due possibilità.

(a) Scrivete la frase in giapponese e vi servite degli ideogrammi per scrivere le parole giapponesi che hanno lo stesso significato: per **tabi**, *viaggio*, userete 旅; per **iku**, *andare*, utilizzerete 行. Poi aggiungerete la particella **ni** e i suffissi del verbo in hiragana (o, all'inizio, utilizzando i kanji che diventeranno gli hiragana):

旅に(仁) 行き(幾) ま(末) す(寸)

(b) Se avete ancora più fretta, ricorrete alla soluzione estrema: scrivere direttamente in cinese. Vi basteranno solo due ideogrammi, 旅行, che si pronunceranno in un cinese adattato alla vostra pronuncia giapponese: **ryokō**.

Nel giapponese moderno è questa la sola parola che è rimasta per dire *viaggio*. Il vocabolo **tabi** appartiene al giapponese antico e si usa solo in alcune espressioni idiomatiche. Un gran numero di parole giapponesi sono derivate direttamente dal cinese in questo modo.

Questa situazione molto complessa ha lasciato delle tracce evidenti nella lingua di oggi. Gli ideogrammi cinesi erano infatti poco adatti alla trascrizione del giapponese e, di conseguenza, i giapponesi dovettero compiere un grande sforzo, nel corso dei secoli, per arrivare a un sistema di scrittura più coerente.
Ritorniamo al nostro messaggio.

Nel caso **A**, i kanji portano alla nascita degli hiragana, cioè a un sistema di caratteri fonetici.
Nel caso **B**, si ottengono diverse pronunce per ogni kanji. Nella possibilità (a) il kanji serve a scrivere una parola indigena e si dice che viene letto secondo la lettura *kun* (lett. "serve a spiegare"). Nei dizionari dei kanji, le letture *kun* sono scritte per convenzione in hiragana oppure, se sono in trascrizione, in corsivo minuscolo. Anche noi seguiremo questo uso. Ci possono essere più letture *kun* per lo stesso kanji poiché più parole possono corrispondere alla stessa idea, oppure la stessa idea può essere espressa sotto forma di nome, di verbo, di aggettivo ecc. Nella possibilità (b) il kanji viene impiegato con la sua pronuncia cinese adattata e si dice che viene letto secondo la lettura **ON** (lett. "il suono"). Nei dizionari dei kanji, le letture **ON** sono scritte per convenzione in katakana oppure, se sono in trascrizione, in stampatello maiuscolo. Anche in questo caso seguiremo questo uso. Ci possono essere più letture **ON** per uno stesso kanji, poiché le parole possono essere state prese in prestito dai giapponesi in epoche diverse (e il cinese si era nel frattempo evoluto), oppure possono essere arrivate da zone diverse della vasta Cina e quindi da dialetti diversi.

La prima domanda che viene in mente naturalmente è: come si fa a sapere se un kanji deve essere letto secondo la lettura *kun* oppure quella **ON**? Ci sono delle regole, che tuttavia non sono rigidamente prescrittive. Quando si parla di kanji, bisogna avere una mente aperta e non inseguire troppo la logica.

• Una parola scritta con un solo kanji, in genere, è una parola autoctona e sarà letta secondo la lettura *kun*. Fanno eccezione alcuni concetti che non esistevano nella lingua giapponese; ad esempio, dal momento che in Giappone non esisteva la scrittura, ovviamente non esisteva una parola per dire "lettera", così il kanji 字, *lettera*, si può utilizzare con la lettura **ON** come parola indipendente: **ji**, *una lettera*.

- Le letture **ON** si utilizzano principalmente nelle parole composte. Quando una parola è composta da più di un kanji (di solito due), viene letta generalmente secondo la lettura **ON**. Esistono, tuttavia, delle parole composte lette secondo la lettura *kun*, ma sono piuttosto rare. Di solito, all'interno della stessa parola, non si mischiano la lettura *kun* e quella **ON**, ma ci sono alcune eccezioni che vedrete man mano nel vostro studio, dal momento che ci siamo scrupolosamente attenuti alle convenzioni della trascrizione.

Il viaggio è finito. Speriamo che vi sia servito un po' per capire il perché del complesso sistema di scrittura del giapponese in cui le frasi mescolano indifferentemente kanji e kana, e dove i kanji hanno molte letture diverse.
Rimane solo da dire che i katakana, che esistevano già da molto tempo (dal VII-IX secolo, come gli hiragana), verso la fine del secolo scorso si sono specializzati per la trascrizione di altre parole straniere oltre a quelle cinesi.

- **Regole di scrittura**

Veniamo ora ad alcuni dati pratici e soprattutto alla domanda fondamentale: "Come si deve tracciare un kanji?" Così come per i kana, esiste un ordine da seguire per scrivere i tratti di un kanji, e questo ordine vi sarà indicato per ciascuno. Tuttavia, prima di cominciare, è bene che conosciate qualche regola generale.

- Due grandi regole di base:

  - un kanji si traccia dall'alto verso il basso

  丶 亠 二 言 言 言 言
  一 十 土 士 吉 吉 吉 青 直 喜

  - un kanji si traccia da sinistra a destra

  丿 川 川
  丿 亻 仁 仃 仍 伢 例 例

- Altre quattro regole utili:

  • quando dei tratti orizzontali e dei tratti verticali si incrociano, si scrive per primo quello orizzontale (rispettando sempre i due principi precedenti):

  一 十
  一 二 チ 夫
  ノ ⺅ 匸 仁 𠂉 缶 無 無 無 無

  • quando un kanji è disegnato simmetricamente attorno a un elemento centrale, questo va tracciato per primo:

  亅 小 小
  一 十 才 木
  ′ 亻 ⺤ 白 白 泊 泊 𣳾 㳺 楽 楽 楽

  • un quadrilatero si disegna in tre tratti (è molto importante per il calcolo dei tratti):

  丨 冂 口
  丨 冂 口
  1 2 3

  • quando il quadrilatero contiene al suo interno degli altri tratti, si traccia per ultimo il tratto in basso che chiude il quadrilatero:

  丨 冂 冂 币 用 囯 国 国

- **Il sistema di classificazione: i radicali**

Spesso si ha bisogno di classificare i kanji, ovviamente nei dizionari, ma anche negli indici e in ogni genere di elenco. I kanji sono classificati secondo un tema che si chiama **radicale** (o chiave), cioè un elemento, che può essere un tratto o un insieme di tratti, comune a un certo numero di kanji e che nella maggior parte dei casi ci dà delle informazioni anche sul significato del kanji in questione:

Esempio 1

話	語	説	調
parlare	raccontare	spiegare	discutere

Tutti questi kanji hanno in comune la parte di sinistra: 言 è il loro radicale. Questo insieme di tratti è a sua volta un kanji indipendente che significa *parola*, quindi tutti i kanji che presentano questo radicale avranno a che fare con la parola.

Esempio 2

道	通	送	連	進
strada	passare	inviare	accompagnare	avanzare

Questi kanji invece hanno in comune la parte in basso: 辶 è il loro radicale. Tuttavia questo elemento, che significa *avanzare*, non potrà mai esistere come parola autonoma.

Esempio 3

七 下 三 上 丈 万 木 世 画

Questi kanji hanno in comune un tratto orizzontale: in questo caso, però, questo elemento può esistere anche da solo: 一 è il kanji della cifra *uno*, ma in compenso come radicale non ha alcun significato.

Esistono 214 radicali: ve li abbiamo presentati in tabella nell'Allegato 1, a partire da pagina 193. Ovviamente non vi chiediamo di impararli a memoria, ma semplicemente di prendervi un po' di tempo per guardare il radicale del kanji che state studiando. È in questo modo che vi abituerete un po' alla volta a riconoscere i radicali, il che vi sarà necessario per riuscire a trovare un kanji all'interno di un dizionario, un indice o una lista (v. pagina 249, nell'introduzione all'indice dei kanji di questo manuale).

2. I kanji di questo manuale: la presentazione

Dal momento che siete molto curiosi, una grande qualità, e pieni di entusiasmo per l'inizio dello studio dei kanji, avrete sicuramente già dato un'occhiata alla parte principale di questo manuale: la presentazione kanji per kanji. È più che legittimo. Prendiamoci tuttavia ugualmente del tempo per capire bene com'è fatta questa presentazione.

I kanji sono presentati uno per uno, secondo l'ordine in cui compaiono nelle 98 lezioni del manuale *Il Giapponese, Collana Senza Sforzo*. In ogni pagina, sulla sinistra, all'esterno della tabella, una cifra indica il numero della lezione corrispondente.

Vediamo, con un esempio, le informazioni che vi vengono date per lo studio di ogni kanji:

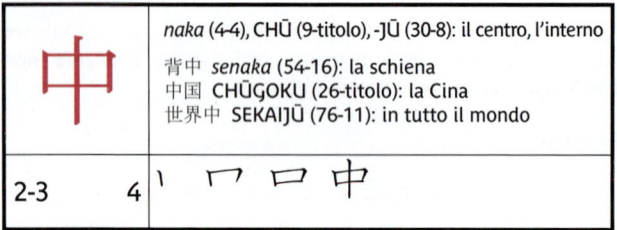

- **A sinistra**
- **Casella in alto**: il kanji studiato
- **Casella in basso**: due gruppi di numeri:
• due cifre a sinistra, qui 2-3, rappresentano rispettivamente il numero del radicale (il 2) (v. allegato 1), e il numero dei tratti (il 3) oltre al radicale;
• una cifra a destra (qui 4): il numero totale dei tratti che compongono questo kanji.

Informazioni aggiuntive:
Un asterisco (*), posto nella casella in basso, indica che il kanji non appartiene alla lista ufficiale dei 1.945 "kanji di uso corrente", ma è comunque un kanji utilizzato in parole di uso comune.

- **A destra**
- **Casella in alto:**
• innanzitutto, su una o più righe, le letture del kanji: lettura *kun* in corsivo minuscolo, lettura **ON** in stampatello maiuscolo.
Ogni lettura è seguita da una cifra tra parentesi, che si riferisce alla lezione in cui compare nel manuale *Il Giapponese, Collana Senza Sforzo*. Qui, ad esempio, abbiamo *naka* (4-4): significa che la lettura *kun* **naka** compare per la prima volta nella lezione 4, alla frase 4; JŪ (30-8): la lettura **ON jū** compare per la prima volta nella lezione 30, alla frase 8.

Informazioni complementari:
• A volte non tutte le letture hanno lo stesso significato; in questi casi il significato è riportato dopo ogni pronuncia (v. pagina 4, primo kanji).
• Alcune letture **ON** sono sottolineate: questo significa che esse possono essere utilizzate come parole indipendenti.
• Alcune letture *kun* si usano soltanto in parole composte: queste saranno presentate precedute da un trattino, a seconda che compaiano all'inizio di una parola o no (v. pagina 5, secondo kanji).
• Una lettura **ON** che si usa sempre all'inizio di una parola composta sarà seguita da un trattino; se viene usata sempre in fine o nel mezzo di una parola composta sarà invece preceduta da un trattino (v. pagina 12, quinto kanji, e pagina 14, quarto kanji).

• Le altre righe della casella sono dedicate a degli esempi di parole composte. In linea di principio, viene fornito un esempio per ogni lettura (salvo i casi in cui le parole siano usate molto raramente), e viene presentato così: la grafia giapponese, la sua lettura (distinguendo tra quella *kun* e quella **ON**), tra parentesi il riferimento alla lezione e alla frase in cui essa compare per la prima volta, e infine il suo significato.

Informazioni aggiuntive:
Talvolta non ci sono le cifre tra parentesi: questo significa che nelle lezioni del corso non compare alcun composto con quella lettura. Approfittatene per arricchire il vostro vocabolario.
• L'asterisco (*), davanti a una parola composta, indica che si tratta di una lettura molto particolare di quel kanji.
• Il segno (A) avverte che ci si trova di fronte a un *ateji*, cioè un "carattere convenzionale": ad esempio 今朝 si legge **kesa** (*questa*

mattina), ma **kesa** è una parola semplice che è impossibile dividere per stabilire quale parte corrisponde a un dato kanji, cosa che di solito si può fare con le parole composte. A volte si tratta anche di kanji utilizzati foneticamente per trascrivere un nome proprio giapponese.

- **Casella in basso:**
il kanji viene scomposto affinché sia comprensibile l'ordine di scrittura dei suoi tratti.

Teniamo a precisare che i kanji vengono presentati in questo manuale nel loro uso più comune. In questa prima tappa di apprendimento dei kanji non vi abbiamo voluto sommergere con un mare di letture usate molto raramente. Se lo desiderate, potrete approfondire in seguito il vostro studio con l'aiuto di testi più dettagliati.

3. I kanji: come lavorare?

In primo luogo, bisogna fissare un ritmo da tenere, sta a voi decidere quale. La cosa più importante è rispettare il principio che ci è così caro: un piccolo impegno quotidiano regolare. Un ritmo ragionevole potrebbe essere lo studio di circa 5 kanji al giorno, prevedendo un ripasso il settimo giorno (per non perdere le buone abitudini). Potrete accelerare o rallentare il ritmo a seconda del momento, ma non dimenticate mai che l'unico segreto per l'apprendimento dei kanji è la costanza dell'impegno.

In secondo luogo, quando affrontate un kanji partite dall'utilizzo delle informazioni fornite: guardate il suo radicale nell'Allegato 1, contate i suoi tratti, ritornate alle lezioni dove è segnalato il suo primo utilizzo; un approccio necessario per inserirlo correttamente nel suo contesto.

Solo alla fine studiatelo, che vuol dire esercitatevi a tracciarlo seguendo l'ordine dei tratti indicato, copiandolo e ricopiandolo finché sarete in grado di scriverlo automaticamente.
Un consiglio pratico: fate provvista di carta di recupero!

Quando lo saprete tracciare, scrivetelo con le sue letture, a destra la lettura *kun* in hiragana, a sinistra la lettura **ON** in katakana, per non perdere la mano. Fate bene attenzione alle letture *kun*: nel caso dei verbi e degli aggettivi (a volte anche di altri tipi di parole), la parte finale della parola è scritta in hiragana. Nella trascrizione, queste parti sono scritte fra parentesi.
Ad esempio:

    KEN   見   *mi(ru)*
                                mi(eru)
                                mi(seru)
                                mi(tsukaru)

Ciò che dovrete scrivere per questo kanji sarà:

    ケン   見   み(る)   み(える)   み(せる)   み(つかる)

Pensando, per ogni lettura, al relativo significato.
Questa dovrà diventare l'immagine che avete di questo kanji. Ricopiatela tante volte, fino a quando riuscirete a riprodurla automaticamente. Poi, datevi dei compiti: ad esempio potete scrivere qualche kanji e provare a ricostruire l'immagine totale di ognuno, cioè con tutte le sue letture. Potete anche darvi questi compiti la sera per il giorno dopo, in questo modo lo studio diverrà ancora più efficace.

Dovrete anche abituarvi a leggere questi kanji. Riprendere solo i testi delle lezioni che compaiono nel manuale *Il Giapponese, Collana Senza Sforzo* sarebbe troppo facile, dal momento che la pronuncia è scritta sopra; per questo motivo abbiamo deciso di fornirvi anche tutti i testi dei dialoghi delle 98 lezioni senza alcuna indicazione riguardo la lettura (v. allegato 2, da pagina 248 a pagina 202).

Una volta terminato l'apprendimento dei kanji di una lezione (o di una parte di essa), prendete questi testi ed esercitatevi a leggerli. Rifate molte volte questa lettura perché è in questo modo che vi abituerete a riconoscere i kanji nel contesto e, ogni volta, farete anche un ripasso delle vostre conoscenze, dal momento che incontrerete sempre solo kanji già studiati.

Di tanto in tanto, potete svolgere un piccolo dettato utilizzando questi testi: è un esercizio sempre utile.

Come vi abbiamo sempre detto fin dall'inizio, non serve a niente cercare di andare troppo velocemente. Il vostro motto deve continuare a essere: regolarità, lavoro accurato, ripassi frequenti. Se gli sarete sempre fedeli, rimarrete stupiti dei vostri risultati.

N. B.: *Alcuni kanji che compaiono in certi dialoghi non vengono presentati. Non si tratta di una dimenticanza, ma di kanji utilizzati unicamente in nomi propri e con pronunce speciali, oppure di kanji utilizzati raramente in parole di uso quotidiano. In questo momento non ci è sembrato utile proporvi di studiarli.*

PRESENTAZIONE DEI KANJI

第	**DAI** (numero di ogni lezione): (cifra ordinale) 第二課 DAINIKA (2-numero): seconda lezione 第一次 DAI.ICHIJI (88-esercizio 1.2): primo, che viene per la prima volta
118-5 11	ノ 𠂉 𠂉 ⺮ ⺮ 笁 笁 筥 第 第
一	*hito(tsu)* (65-1), <u>ICHI</u> (11-2), IK- (1-numero), IS- (5-3), IT- (39-8), IP- (37-10): uno (cifra) 一人 *hitori* (44-3): una persona 一日 ICHINICHI (39-19): tutto il giorno 一ヶ月 IKKAGETSU (34-14): un mese 一緒 ISSHO (5-3): insieme 一頭 ITTŌ (39-8): un animale grosso 一杯 IPPAI (37-10): (un bicchiere) pieno, pieno (A) 一日 *tsuitachi* (65-4): il primo del mese
1-0 1	一
課	**KA** (numero di ogni lezione): sezione, parte 第一課 DAI-IKKA (1-numero): prima lezione
149-8 15	丶 亠 言 言 訂 訶 詚 誯 課 課
早	*haya(i)* (27-5), SŌ: essere presto, essere veloce 早く *hayaku* (1-1): presto, in fretta 早朝 SŌCHŌ: il mattino presto
72-2 6	丨 冂 日 日 旦 早

1

行	*i(ku)* (1-2): andare, *okona(u)* (89-16): tenersi (evento); KŌ (27-titolo), GYŌ (89-11): fare 通行 TSŪKŌ (82-2): traffico (di veicoli) 行事 GYŌJI (89-11): evento
144-0 6	ノ ク 彳 彳 行 行
暑	*atsu(i)* (1-6), SHO (76-6): essere/fare caldo 暑中 SHOCHŪ: calura, piena estate
72-8 12	丶 冂 日 早 星 昇 昇 暑 暑
練	REN (titolo esercizi): allenare/allenarsi, perfezionare/perfezionarsi 練習 RENSHŪ (ogni lezione, 47-16): esercizio
120-8 14	乙 幺 幺 糸 紅 紵 絅 紳 練 練
習	*nara(u)* (64-3), SHŪ (titolo esercizi, 47-16): studiare, imparare 習性 SHŪSEI: abitudine, comportamento abituale
124-5 11	了 刁 刁 刁﹁ 羽 羽 羽 羽 習 習
訳	*wake* (86-16): motivo, situazione; YAKU (titolo esercizi 1): traduzione 通訳 TSŪYAKU (97-19): interprete
149-4 11	言 訁 訳 訳 訳

言	*i(u)* (37-9): dire, chiamarsi; *koto* (titolo es. 2), GEN, GON (83-7): parola
	言葉 *kotoba* (titolo es. 2, 38-esercizio 1): parola, lingua - 言語 GENGO: lingua, linguaggio
149-0 7	丶 亠 宁 言 言 言 言

葉	*ha* (22-4), *-ba* (titolo esercizi 2), YŌ: foglia
	葉巻 *hamaki*: sigaro 紅葉 KŌYŌ: foglie colorate dell'autunno
140-9 12	一 艹 艹 拈 拈 苎 苵 葦 葉

入	*hai(ru)* (5-7), **i(ru)* (24-12), NYŪ (23-9): entrare; *i(reru)* (titolo esercizi 2): inserire, introdurre
	気に入る KI *ni iru* (24-12): piacere 入口 *iriguchi* (79-15): entrata 入院 NYŪIN (23-9): ricovero ospedaliero
11-0 2	ノ 入

二	*futa(tsu)* (27-10), *futsu-* (45-5), <u>NI</u> (2-numero): due (cifra)
	二人 *futari* (15-4): due persone 二日 *futsuka* (45-5): il 2 del mese, due giorni 十二月 JŪNIGATSU (74-1): dicembre *二十 *hatachi* (83-6): vent'anni (età)
7-0 2	一 二

展	TEN, -DEN (2-titolo): esporre, mostra
	展覧会 TENRANKAI: mostra, esposizione
44-7 10	一 コ 尸 尸 尸 屏 屏 屏 展 展

2

見	*mi(ru)* (2-1), KEN (40-titolo): guardare, vedere; *mi(eru)* (24-11): essere visibile; *mi(seru)* (17-7): mostrare; *mi(tsukaru)* (24-1): essere trovato; *mi(tsukeru)* (51-17): trovare 見本 *mi*HON (92-esercizio 1.2): campione 見物 KENBUTSU (76-11): visita turistica
147-0 7	丨 冂 冃 月 目 貝 見

何	*nani* (2-2), *nan* (8-4): cosa?, quale? 何時 *nanji* (11-1): che ora? 何か *nanika* (34-2): qualcosa
9-5 7	ノ 亻 亻 亻 何 何 何

3

三	*mit(tsu)* (59-10), *mitsu* (31-2), *mik-* (20-12), <u>SAN</u> (3-numero), *SABU (29-9): tre (cifra) 三日 *mikka* (20-12): il 3 del mese, tre giorni 三月 SANGATSU (62-esercizio 1.5): marzo
1-2 3	一 二 三

朝	*asa* (11-titolo), CHŌ (3-titolo): mattina; CHŌ (83-10): regno, dinastia 毎朝 MAI*asa* (30-9): ogni mattina (A) 今朝 *kesa* (13-1): questa mattina 朝食 CHŌSHOKU (3-titolo): colazione
74-8 12	一 十 十 古 甫 直 卓 卓 朝 朝

食	ta(beru) (3-3), SHOKU (3-titolo): mangiare 食物 tabemono (46-23): cibo 食事 SHOKUJI (26-11): pasto
184-0　　9	ノ 人 ヘ 今 今 食 食 食
飲	no(mu) (3-5): bere 飲物 nomimono: bevanda
184-4　　12	ハ ヘ 今 今 食 食 食 食 飲 飲
卵	tamago (3-11): uovo
26-5　　7	′ ㇄ ㇆ 𠂎 卯 卵 卵
四	yot(tsu), yotsu (29-9), yon (4-numero), yo- (46-7), yok-, <u>SHI</u> (23-7): quattro (cifra) 四週間 yonSHŪKAN (53-esercizio 1. 2): quattro settimane 四時 yoJI (46-7): le ore quattro 四日 yokka: il 4 del mese; quattro giorni 四月 SHIGATSU (23-7): aprile
31-2　　5	丨 冂 冂 四 四

4

税	ZEI (4-titolo): tassa, imposta 免税 MENZEI: esenzione dalle tasse	
115-7　12	一 二 千 禾 禾 禾' 秒 秒 秒 税	

関	KAN (4-titolo): barriera, porta 税関 ZEIKAN (4-titolo): dogana	
169-6　14	丨 厂 ㄕ ㄕ' 門 門 門 閂 関 関	

持	mo(tsu) (4-1), JI: possedere, tenere 気持 KImochi (48-9): sentimento	
64-6　9	一 十 扌 扩 扩 扩 拌 持 持	

中	naka (4-4), CHŪ (9-titolo), -JŪ (30-8): il centro, l'interno 背中 senaka (54-16): schiena - 中国 CHŪGOKU (26-titolo): la Cina - 世界中 SEKAIJŪ (76-11): in tutto il mondo	
2-3　4	丶 口 口 中	

服	<u>FUKU</u> (4-6): vestito 服装 FUKUSŌ: abbigliamento	
74-4　8	) 月 月 月 月' 朋 服 服	

本	*moto* (16-5), HON (12-10): origine, <u>HON</u> (4-6): libro 本当 HONTŌ (12-10): davvero, vero 本屋 HON-*ya* (18-titolo): libreria
75-1　　5	一 十 才 木 本
酒	*sake* (4-9), SHU: distillato di riso, alcolico 酒税 SHUZEI: tassa sugli alcolici
164-3　　10	丶 氵 汀 沂 沂 洒 洒 酒 酒
五	*itsu(tsu)* (59-7), *itsu*-, <u>GO</u> (5-numero): cinque (cifra) 五日 *itsuka*: il 5 del mese, cinque giorni 五月 <u>GO</u>GATSU (23-10): maggio
7-2　　4	一 丆 五 五
買	*ka(u)* (5-4), BAI: comprare 買物 *kaimono* (5-titolo): spesa, acquisti
154-5　　12	丨 冖 罒 罒 罒 買 買 買 買
物	*mono* (5-titolo), MOTSU (27-9), BUTSU (30-6), BUSH- (81-8): cosa, oggetto 生物 *ikimono*: un essere vivente 書物 SHOMOTSU: libro, opera 動物 DŌBUTSU (82-13): animale
93-4　　8	丿 亠 牛 牛 牜 牞 物 物

5

緒	SHO (5-3): estremità 一緒 ISSHO (5-3): insieme
120-8 14	乙 幺 幺 糸 糹 紆 紓 紓 緒 緒

靴	kutsu (5-5): scarpa 靴下 kutsushita (5-5): calza, calzino
177-4 13	一 廿 廿 苫 苩 革 革 靪 靴 靴

下	shita (5-5), KA (31-5), GE (62-1): sotto; kuda(saru) (9-9): dare a me, fare per me 下着 shitagi (80-7): biancheria intima 陛下 HEIKA (68-6): Sua Maestà 下宿 GESHUKU (62-1): pensione
1-2 3	一 丁 下

着	tsu(ku) (5-6), CHAKU: arrivare; ki(ru)(54-17): indossare 着物 kimono (78-7): kimono 到着 TŌCHAKU: arrivo
123-6 12	' ⸍ ⸍ ⸍ 羊 羊 羊 着 着

高	taka(i) (5-9), KŌ (32-titolo): essere alto, essere caro 高速 KŌSOKU (32-titolo): alta velocità
189-0 10	' 亠 广 古 亩 亯 高 高 高

六	*mut(tsu)*, *mui-, <u>ROKU</u> (30-9), ROK- (6-numero), ROP-: sei (cifra) 六日 *muika*: il 6 del mese, sei giorni 六時 ROKUJI (30-9): le ore sei 六ヶ月 ROKKAGETSU (80-12): sei mesi 六分 ROPPUN: sei minuti
12-2 4	丶 亠 广 六
東	*higashi* (79-11), TŌ (6-titolo): est 東口 *higashiguchi* (79-11): entrata est 東洋 TŌYŌ: Oriente
75-4 8	一 厂 戸 盲 車 東 東
京	*miyako*, KYŌ (6-titolo): la capitale 東京 TŌKYŌ (6-titolo): Tokyo 上京 JŌKYŌ (80-12): recarsi nella capitale
8-6 8	丶 亠 宀 古 亨 京 京
知	*shi(ru)* (6-1), CHI (67-10), -JI (96-2): sapere, conoscere 知人 CHIJIN (67-10): amico, conoscente
111-3 8	丿 ト 느 矛 矢 知 知 知

6

駅	EKI (6-4): stazione, fermata
187-4　14	丨 厂 Π 丐 馬 馬 馬' 馬' 駅 駅
近	chika(i) (6-5), KIN (47-10): essere vicino 近く chikaku (57-13): attiguo 最近 SAIKIN (47-10): recentemente
162-4　7	′ 厂 斤 斤 沂 䜣 近
電	DEN (6-6): elettricità – elettronico 電話 DENWA (13-10): telefono 電子 DENSHI: elettrone
173-5　13	一 厂 厂 币 币 雨 雷 雷 雷 電
車	kuruma (34-9), SHA (6-6): automobile, veicolo 自動車 JIDŌSHA (23-7): vettura, automobile
159-0　7	一 厂 厂 戸 百 亘 車
歩	aru(ku) (6-7): camminare; HO (82-3), -PO (31-3): passo 歩行者 HOKŌSHA (82-3): pedone
77-4　8	丨 ト ⺊ 止 止 뵤 歩 歩

水	*mizu* (31-11), SUI (6-8): acqua 水色 *mizuiro* (31-11): celeste 水族館 SUIZOKUKAN (6-8): acquario (edificio)
85-0　　　4	丨 刀 才 水
族	ZOKU (6-8): clan, gruppo 家族 KAZOKU (67-10): famiglia
70-7　　　11	亠 方 方 方 疒 扩 斿 旅 族
館	KAN (6-8): ampia sede 美術館 BIJUTSUKAN (50-titolo): museo di belle arti
184-8　　　16	个 今 今 食 食 食 飣 飣 館 館
店	*mise* (6-10), TEN (12-titolo): negozio, locale 店員 TEN-IN: commesso di un negozio
53-5　　　8	丶 亠 广 广 庐 庐 店 店
七	*nana(tsu)*, **nano-*, *nana* (7-numero), <u>SHICHI</u> (55-15): sette (cifra) 七日 *nanoka*: il 7 del mese, sette giorni 七月 SHICHIGATSU (55-15): luglio
1-1　　　2	一 七

7	復	FUKU (titolo dialoghi di riepilogo): fare ritorno a, ritornare a 復元 FUKUGEN (85-5): restauro, ricostruzione
	60-9　　12	彳 彳 彳 彳 彳 復 復 復 復
	会	*a(u)* (27-5), KAI (titolo dialoghi di riepilogo): incontrare 社会 SHAKAI (88-23): la società 会話 KAIWA (titolo dialoghi di riepilogo): dialogo
	9-4　　6	ノ 人 亼 合 会 会
	話	*hana(su)* (33-4), WA (titolo dialoghi di riepilogo): parlare; *hanashi* (25-6): racconto, storia 話しあう *hanashiau* (66-1): discutere
	149-6　　13	丶 亠 三 言 言 訁 訁 訐 訐 話 話
8	八	*yat(tsu)*, *yatsu* (93-11), *yō-, <u>HACHI</u> (11-esercizio 1.3), HAK- (8-numero), HAS- (69-4), HAT-, HAP-: otto (cifra) 八日 *yōka*: l'8 del mese, otto giorni 第八課 DAIHAKKA (8-numero): ottava lezione 八歳 HASSAI (69-4): 8 anni (età) 八分 HAPPUN: otto minuti
	12-0　　2	ノ 八

映	*utsu(su)*, EI (8-titolo): riflettere/ersi, proiettare 映画 EIGA (8-titolo): cinema, film
72-5　　9	丨 冂 日 日 日' 旷 旷 映 映
画	KAKU: tratto, GA (8-titolo): immagine, disegno, pittura 計画 KEIKAKU: progetto 画家 GAKA: pittore
102-3　　8	一 丆 丆 币 币 面 画 画
昨	SAKU (78-3): passato 昨年 SAKUNEN (78-3): l'anno scorso (A) 昨日 *kinō* (8-1): ieri (A) 一昨年 *ototoshi* (90-5): due anni fa
72-5　　9	丨 冂 日 日' 旷 昨 昨 昨
日	*hi* (30-12), *-bi* (16-titolo), NICHI (16-titolo), NI (18-7), NIT- (30-13): giorno, sole; *-ka* (20-12), JITSU (45-11): giorno, giornata 月曜日 GETSUYŌ*bi* (26-11): lunedì 半日 HANNICHI (72-13): mezza giornata 日本 NIHON (18-7): Giappone 日中 NITCHŪ (30-13): pieno giorno 二日 *futsuka* (45-5): il 2 del mese, due giorni 翌日 YOKUJITSU (45-11): il giorno dopo (A) 今日 *kyō* (11-6): oggi (A) 昨日 *kinō* (8-1): ieri (A) 明日 *ashita* (27-esercizio 1.5): domani (A) 一日 *tsuitachi* (65-4): il primo del mese
72-0　　4	丨 冂 日 日

8

友	tomo (8-2), YŪ (69-14): amico, compagno 友達 tomodachi (8-2): amico 友人 YŪJIN (69-14): amico
29-2 4	一 ナ 方 友
達	-tachi (39-2), -dachi (8-2): "pluralità"; TATSU (61-10), TASH- (92-7): arrivare a 人達 hitotachi (82-8): gente 配達 HAITATSU (61-10): consegna a domicilio 達者 TASSHA (92-7): esperto
162-9 12	一 十 土 圭 击 查 幸 幸 逹 達
来	ku(ru) (8-2), RAI (23-13): venire 来週 RAISHŪ (23-13): settimana prossima (A)出来る dekiru (57-9): potere
4-6 7	一 厂 厂 厂 兀 来 来
眼	me (8-9), GAN: occhio 眼鏡 GAKKAI: oculista
109-6 11	丨 冂 月 目 目 目 目 眼 眼 眼
鏡	kagami, KYŌ: specchio 双眼鏡 SŌGANKYŌ: binocolo *眼鏡 megane (8-9): occhiali
167-11 19	𠂉 𠂉 𠂉 金 金 釒 鈩 鈩 鈩 鋆 鏡

忘	*wasu(reru)* (8-9): dimenticare
61-3 7	丶 亠 亡 亡 忘 忘 忘
九	*kokono(tsu)*, *kokono-* (92-19), KU, <u>KYŪ</u> (9-numero): nove (cifra) 九日 *kokonoka* (92-19): il 9 del mese, nove giorni 九年 KYŪNEN (71-esercizio 1. 2): nove anni
5-1 2	丿 九
華	KA (9-titolo): lucentezza, splendore 中華料理 CHŪKARYŌRI (9-titolo): cucina cinese
140-7 10	一 十 艹 艹 艹 芷 莒 莒 華
料	RYŌ (9-titolo): prezzo, materiale 料金 RYŌKIN (22-4): tariffa, importo
68-6 10	丶 丷 丷 半 米 米 米 米 料 料
理	RI (9-titolo): motivo, principio 理科 RIKA (94-12): scienze (a scuola) 理由 RIYŪ: motivo, causa
96-7 11	一 丁 王 王 理 理 理 理 理

9

今	*ima* (12-11): adesso; KON (9-1): presente, attuale 今晩 KONBAN (9-1): questa sera (A) 今日 *kyō* (11-6): oggi (A) 今朝 *kesa* (13-1): questa mattina (A) 今年 *kotoshi* (23-2): quest'anno
9-2　　　　4	ノ 人 今 今
晩	<u>BAN</u> (9-1): sera 毎晩 MAIBAN (62-3): tutte le sere
72-8　　　12	丨 冂 月 日 日' 日" 日夕 日免 晚 晚 晚 晚
大	*oo(kii)* (20-9), *oo-* (30-4), TAI (44-7), DAI (9-3): essere grande 大雨 *ooame* (85-esercizio 1.2): acquazzone 大変 TAIHEN (44-7): pesante, grave 大学 DAIGAKU (23-2): università (A) 大人 *otona* (44-5): adulto
37-0　　　　3	一 ナ 大
好	*suki* (9-3): amato, apprezzato 大好き DAI*suki* (9-3): (essere) adorato, (essere) molto amato
38-3　　　　6	く 夊 女 女' 好 好

18

私	*watakushi* (9-4), *watashi* (12-6): io; SHI (92-3): privato 私達 *watashitachi* (39-2): noi 私立 SHIRITSU (92-3): privato
115-2 7	丿 ⼆ 千 チ 禾 私 私
肉	NIKU (9-5): carne 肉体 NIKUTAI: corpo, carne, fisico
130-0 6	⼁ 冂 内 内 肉
魚	*sakana* (9-5), *uo*: pesce
195-0 11	丿 ⼈ ⼑ 匁 甪 角 角 魚 魚 魚
箸	*hashi* (9-7): bacchette (che servono per mangiare)
118-9 15	丿 ⼈ ⺈ 竹 竺 竿 笠 竻 箸 箸 箸
十	*tō* (61-4), JŪ (10-numero), JUP- (53-11): dieci (cifra) 十日 *tōka* (61-4): il 10 del mese, dieci giorni 十一月 JŪICHIGATSU (67-17): novembre 十分 JUPPUN (o JIPPUN) (72-7): 10 minuti
24-0 2	一 十

10

相	*ai*: reciproco, SŌ: aspetto, reciproco 相手 *aite*: controparte 相談 SŌDAN: consultazione, consiglio *相撲 *sumō* (10-1): sumo
109-4 9	一 十 才 木 木 机 机 相 相
撲	BOKU: battere *相撲 *sumō* (10-1): sumo
64-12 15	一 十 扌 扌 扌" 扌" 拌 拌 撲 撲
時	*toki* (10-6): momento, tempo; JI (11-1): tempo, ora 時間 JIKAN (13-1): ora (durata) 九時 KUJI: le ore nove
72-6 10	丨 冂 日 日 日一 日十 旪 旪 時 時

11

起	*o(kiru)* (11-1): alzarsi (al mattino); *o(koru)* (43-6): accadere; *o(kosu)* (72-13): sollevare 起き上がる *okiagaru* (72-13): alzarsi in piedi
156-3 10	一 十 土 キ キ 走 走 起 起 起
遅	*oso(i)* (11-3): essere tardi; *oku(reru)* (51-ex.1.3): essere in ritardo 遅く *osoku* (33-esercizio 1.1): tardi
162-9 12	丆 コ 尸 尸 屋 屖 屖 遅 遅

夜	*yoru* (11-4), *yo* (11-5), YA (75-16): notte 夜中 *yonaka* (11-5): piena notte 今夜 KON-YA (75-16): questa notte (presente o che deve venire)
36-5　　8	亠亠广广疒夜夜夜
寝	*ne(ru)* (11-4), SHIN (66-12): dormire; *ne(kasu)* (75-6): fare dormire 寝室 SHINSHITSU (66-12): camera da letto
40-10　　13	宀宀宀宀宀宀寑寑寝寝
午	GO (11-8): (periodo di tempo compreso tra le 11 del mattino e le 13) 午後 GOGO (11-8): pomeriggio
24-2　　4	ノ𠂉二午
後	*ushi(ro)* (50-esercizio 1.1): dietro; *ato* (45-5), *nochi* (69-17): dopo; GO (11-8): dietro, dopo 食後 SHOKUGO (41-17): dopo mangiato 最後 SAIGO (43-11): ultimo
60-6　　9	ノ彳彳彳彳从彳彳後後
働	*hatara(ku)* (11-8), DŌ: lavorare, esercitare una professione
9-11　　13	ノ亻亻亻佢佢佰佰佰働働

11

• 21

11	變	*ka(waru)* (41-titolo), HEN (11-10): cambiare, trasformarsi; *ka(eru)*: cambiare, modificare 変化 HENKA: cambiamento, trasformazione
	34-6　　　9	、 亠 宀 亣 亦 亦 孌 変
12	喫	KITSU, KIS- (12-titolo): deglutire, ingoiare 喫茶店 KISSATEN (12-titolo): bar, caffè
	30-9　　　12	丨 口 口 口 叶 吽 啀 喫 喫 喫
	茶	SA (12-titolo), CHA (17-1): tè 茶色 CHA*iro* (96-10): colore marrone
	140-6　　　9	一 十 艹 艹 艾 苁 苂 茶 茶
	山	*yama* (12-5), SAN (67-titolo); -ZAN: montagna 山道 *yamamichi* (72-esercizio 1.4): strada di montagna, 火山 KAZAN: vulcano
	46-0　　　3	丨 山 山
	田	*ta* (16-5), *-da* (12-5), DEN: risaia
	102-0　　　5	丨 冂 皿 田 田

菓	KA (12-8): dolce (cibo) お菓子 oKASHI (12-8): dolce
140-8 11	一 艹 艹 芦 苎 苴 荁 菓 菓
子	ko (15-1), SHI (12-8): bambino 女の子 onna no ko (15-5): bambina 利子 RISHI (45-7): interesse bancario *椅子 ISU (60-13): sedia
39-0 3	了 了 子
当	ata(ru) (75-13), TŌ (12-11): corrispondere a, essere assegnato 見当る miataru (75-13): apparire 当然 TŌZEN: necessariamente, ovvio
42-3 6	丨 丷 丷 当 当 当
約	YAKU (13-titolo): promessa 予約 YOYAKU (44-2): prenotazione
120-3 9	乚 幺 幺 幺 糸 糸 糸 約 約
束	SOKU (13-titolo): fascio, risma di carta 約束 YAKUSOKU (13-titolo): promessa, appuntamento
75-3 7	一 𠂇 𠂉 𠁽 束 束 束

13

人	hito (19-2), JIN (13-1), NIN (47-13): essere umano 人々 hitobito (37-7): le persone, la gente 日本人 NIHONJIN (36-1): un/a giapponese 十二人 JŪNININ (47-13): dodici persone *一人 hitori (44-3): una persona *二人 futari (44-4): due persone (A)大人 otona (44-5): adulto
9-0 2	ノ 人
前	mae (13-1), ZEN (27-3): davanti, prima 名前 namae (36-1): nome, nome proprio 以前 IZEN (57-11): in precedenza, prima
18-7 9	丶 丷 䒑 广 前 前 前 前 前
間	aida (31-10), ma (47-13), KAN (13-1), GEN (88-23): intervallo di tempo o di spazio 民間 MINKAN: civile, privato 人間 NINGEN (88-23): il genere umano
169-4 12	丨 冂 冂 冃 冃 門 門 門 門 問 間
待	ma(tsu) (13-1), TAI (69-10): aspettare 接待 SETTAI (69-10): accoglienza, ricezione
60-6 9	丿 冫 彳 扌 往 徍 待 待

随	ZUI (13-2): tale e quale 随分 ZUIBUN (13-2): molto, parecchio	**13**
170-9 12	ｱ ｱ ｱ ｱ ｱ ｱ ｱ 阵 陏 陏 随 随	
分	FUN (24-3), -PUN (52-esercizio 1.3): minuto; BUN (13-2), BU (53-14): parte, divisione; *wa(kareru)*: essere separato, separarsi 五分 GOFUN (24-3): cinque minuti 三分 SANPUN (52-esercizio 1.3): tre minuti 分解 BUNKAI (59-14): scomporre, smontare 大分 DAIBU (53-14): parecchio, la maggior parte	
18-2 4	ノ 八 分 分	
紹	SHŌ (15-titolo): aiutare 紹介状 SHŌKAIJO: lettera di presentazione	**15**
120-5 11	﹅ ﹅ ﹅ ﹅ ﹅ 糸 紀 紹 紹 紹 紹	
介	KAI (15-titolo): tramite 紹介 SHŌKAI (15-titolo): presentazione	
9-2 4	ノ 八 介 介	

小	*chii(sai)* (27-10), *ko* (15-1), *-go* (72-14), SHŌ (25-titolo): essere piccolo 小包 *kozutsumi*: pacco 山小屋 *yamagoya* (72-14): baita 小説 SHŌSETSU (25-titolo): romanzo
42-0 3	⼃ ⼩ 小
林	*hayashi*, *-bayashi* (15-1), RIN: boschetto, radura
75-4 8	一 十 才 木 朩 村 材 林
道	*michi* (15-1), DŌ (32-titolo): strada, via, cammino 国道 KOKUDŌ (32-4): strada nazionale
162-9 12	丶 丷 丷 丷 产 首 首 首 道 道
申	*mō(su)* (15-1): dire, chiamarsi (grado superiore) 申し訳 *mōshiwake* (86-16): scusa, giustificazione
102-0 5	⼁ 冂 曰 日 申
住	*su(mu)* (15-2), JŪ (38-7): abitare 住まい *sumai* (68-9): residenza (grado superiore) 住所 JŪSHO (38-7): indirizzo
9-5 7	ノ 亻 亻 亻 仁 住 住

年	*toshi* (23-2), **NEN** (15-3): anno
	毎年 **MAI***toshi* (55-4): ogni anno 来年 **RAINEN** (26-1): l'anno prossimo 本年 **HONNEN** (78-4): l'anno in corso
51-3 6	′ ⌒ ⸝ ⌒ ⸝ 年

結	*musu(bu)*, **KETSU, KEK-** (15-3): legare, annodare
	お結び *omusubi* (93-7): polpette di riso 結構 **KEKKŌ** (65-5): perfetto, basta così
120-6 12	⸝ 幺 幺 乡 糸 糸 紆 結 結 結 結

婚	**KON** (15-3): matrimonio
	結婚 **KEKKON** (15-3): matrimonio
38-8 11	⸝ 女 女 女′ 妃 妃 娭 娵 娵 婚 婚

供	*tomo, -domo* (15-4): compagno
	子供 *kodomo* (15-4): bambino お供する *o tomo suru* (26-8): accompagnare
9-6 8	′ 亻 亻 仁 仕 仕 供 供

女	*onna* (15-5), **JO** (19-5): donna, di sesso femminile
	女の人 *onna no hito* (36-esercizio 1.3): una donna - 女性 **JOSEI** (89-20): femminile
38-0 3	⸝ 女 女

男	*otoko* (15-5), DAN (62-11): uomo, di sesso maschile 男の子 *otoko no ko* (15-5): bambino 男性 DANSEI (89-20): maschile	
102-2　　7	丿 冂 冂 用 田 męż 男	
嬢	JŌ (15-6): signorina お嬢さん *oJŌsan* (15-6): ragazza	
38-13　　16	女 女﹃ 女﹄ 女﹅ 姉 媒 婶 嬢 嬢 嬢	
歳	SAI (15-7): età, anni (di persone) 二十八歳 NIJŪHASSAI (69-4): 28 anni	
77-9　　13	丨 ト 止 止 芦 芦 芦 芦 歳 歳	
実	JITSU (15-9): realtà, *mi*: frutto, risultato 現実 GENJITSU (48-13): realtà 実 は JITSU *wa* (15-9): in realtà	
40-5　　8	丶 八 宀 宁 宇 宇 実 実	
再	SAI (15-9), SA (46-7): per la seconda volta 再婚 SAIKON (15-9): seconde nozze 再来週 SARAISHŪ (46-7): fra due settimane	
13-4　　6	一 丆 冂 襾 再 再	

坊	BŌ (15-10): monaco お坊ちゃん *oBOCchan* (15-10): Suo figlio お坊さん *oBŌsan* (85-6): monaco	**15**
32-4 7	一 十 土 𠂆 圹 圹 坊 坊	
曜	YŌ (16-titolo): giorno della settimana 水曜日 SUIYŌ*bi* (46-7): mercoledì	**16**
72-14 18	丨 冂 日 日' 日ᚒ 日ᚒᚒ 昭 昭 曜 曜 曜 曜	
天	TEN (16-2): cielo, volta celeste 天気 TENKI (16-2): il tempo (meteorologico)	
37-1 4	一 二 干 天	
気	<u>KI</u> (16-2): animo, sentimento, sensazione 気分 KIBUN: umore, disposizione 電気 DENKI (40-3): elettricità	
84-2 6	ノ 厂 气 气 気 気	
誘	*saso(u)* (16-5): invitare	
149-7 14	亠 言 言 訁 訐 訮 誘 誘 誘 誘	

考	*kanga(eru)* (16-6), KŌ: pensare, riflettere; *kanga(e)* (16-6): pensiero, idea 参考 SANKŌ: riferimento, consultazione
125-2　　6	一 十 土 耂 考 考
江	*e* (16-8): baia, ansa 江戸 (17-10): Edo (antico nome di Tokyo)
85-3　　6	丶 丶 氵 汀 江 江
島	*shima* (16-8), TŌ (67-7): isola 半島 HANTŌ (67-7): penisola
46-7　　10	丿 亻 亻 户 户 自 鸟 島 島 島
寿	*SU (16-10), JU: longevità 寿司 SUSHI (16-10): sushi
41-4　　7	一 二 三 寺 寿 寿 寿
司	SHI (16-10): governare, amministrare 司会者 SHIKAISHA: presidente di una riunione
30-2　　5	丁 丂 司 司 司

市	*ichi* (17-titolo): mercato; <u>SHI</u>: città 市場 *ichiba*: mercato 市立 SHIRITSU: comunale
50-2　　5	丶 亠 宁 市
箱	*hako* (17-1): scatola
118-9　15	ノ ⺮ ⺮ 竹 竺 竿 笨 箝 箱 箱
右	*migi* (17-1), U: destra 右手 *migite*: mano destra 右党 UTŌ: la destra (in politica)
30-2　　5	ノ ナ オ 右 右
碗	WAN (17-1): ciotola di porcellana 茶碗 CHAWAN (17-1): tazza per il tè
112-8*　13	一 丁 石 石 矿 矿 砂 砕 碗 碗
左	*hidari* (17-3), SA: sinistra 左党 SATŌ: la sinistra (in politica)
48-2　　5	一 ナ 左 左 左

万	MAN (17-4): 1.0000, diecimila 五万 GOMAN: 5.0000, cinquantamila	
1-2 3	一フ万	
円	EN (17-4): yen (la valuta giapponese) 十万円 JŪMAN-EN: 10.0000 yen, centomila yen	
13-2 4	丨冂円円	
千	chi (68-9), SEN (22-11), -ZEN (17-6): mille 二千 NISEN (43-6): duemila 三千 SANZEN (17-6): tremila 千代田 chiyoda (68-9): Chiyoda	
24-1 3	ノ二千	
古	furu(i) (17-9), KO (83-2): essere vecchio 古典 KOTEN (83-2): classico (letteratura)	
30-2 5	一十十古古	
戸	to (30-5), -do (17-10), KO: porta 戸籍 KOSEKI: stato civile	
63-0 4	一ラヨ戸	

代	*ka(waru)*: sostituire; *ka(wari)* (39-18): sostituzione; *yo* (68-9), DAI (17-10): generazione, periodo, prezzo 時代 JIDAI (17-10): epoca, era, periodo	
9-3　　5	ノ　イ　仁　代　代	
裏	*ura* (17-13): il rovescio, il retro	
145-7　13	丶　亠　亡　宣　車　寠　裏　裏　裏	
書	*ka(ku)* (17-13), SHO (38-titolo): scrivere; *-gaki* (22-4): uno scritto 葉書 *hagaki* (22-4): cartolina postale 証明書 SHŌMEISHO: certificato	
73-6　　10	丁　フ　ヨ　聿　聿　書　書　書　書	
屋	*ya* (17-esercizio 1.5), OKU (52-7): casa, tetto, magazzino タバコ屋 *tabakoya* (20-1): tabaccheria 屋上 OKUJŌ (52-7): tetto	
44-6　　9	丁　フ　コ　尸　尸　层　层　屋　屋	
戦	*tataka(u)*, SEN (18-2): combattere 戦後 SENGO: dopoguerra	
62-9　　13	丶　丷　丷　当　当　単　単　戦　戦　戦	

争	*araso(u)*, SŌ (18-2): litigare, competere, rivaleggiare 戦争 SENSŌ (18-2): guerra
4-5 6	ノ ク ク 乌 争 争
平	*hira(tai)*, HEI (18-2): essere piatto, essere calmo 平仮名 *hiragana* (67-esercizio 1.1): hiragana 平気 HEIKI (62-13): che rimane calmo
51-2 5	一 ニ ニ 平 平
和	WA (18-2): armonia, pace; giapponese 平和 HEIWA (18-2): la pace
30-5 8	ノ ニ 千 千 禾 禾 和 和
家	*ie* (34-1), *uchi* (53-15), *ya* (24-12), KA (18-8), *KE (36-7), *GE (36-7): casa, famiglia 家中 *ie*JŪ (59-14): tutta la casa 家賃 *ya*CHIN (24-12): affitto 家内 KANAI (18-8): mia moglie
40-7 10	ヽ 宀 宀 宀 宁 宇 家 家 家
内	*uchi* (59-2), NAI (18-8): interno, dentro 内部 NAIBU: interno, interiore
13-2 4	丨 冂 内 内

留	RU (18-8), RYŪ (78-9): restare, risiedere 留守 RUSU (18-8): assenza 留学生 RYŪGAKUSEI (78-9): studente all'estero
102-5　10	丶 亡 亾 𠂊7 𠂋刀 𠂋刀 ⺠刀 留 留 留
守	mamo(ru) (43-10), SHU, SU (18-8): proteggere
40-3　6	' 宀 宀 宀 守 守
自	SHI (36-1), JI (18-9): se stesso 自然 SHIZEN (36-1): la natura, naturale (non artificiale) 自分 JIBUN (18-9): se stesso
132-0　6	' 丨 冂 自 自 自
作	tsuku(ru) (18-11), SAKU (83-6), SAK- (41-5), -SA: creare, fabbricare, costruire 作品 SAKUHIN (83-6): opera 作家 SAKKA (83-8): scrittore 動作 DŌSA: movimento, gesto
9-5　7	丿 イ イ' 亻＂ 竹 作 作
簡	KAN (18-12): brevità, semplicità 簡略 KANRYAKU: conciso, breve, semplice
118-12　18	丿 𠂉 竹 竹 竹 筥 筥 筥 簡 簡

18

単	TAN (18-12): semplice, non complesso 簡単 KANTAN (18-12): semplice, facile
3-8　　9	丶 丷 ⺍ 肖 当 当 単
毎	MAI (18-14): ogni (+ nome che indica tempo) 毎度 MAIDO (18-14): ogni volta
80-2　　6	丿 𠂉 𠂉 勹 毎 毎
度	*tabi* (45-1): volta; DO (18-14): volta, grado; TAKU (73-4): occasione, ripetizione 度々 *tabitabi* (45-1): spesso 今度 KONDO (19-esercizio 1.2): questa volta 支度 SHITAKU (73-4): preparativi
53-6　　9	丶 亠 广 广 庐 庐 庐 庹 度

19

写	*utsu(su)*, SHA (19-2): copiare 写真 SHASHIN (19-2): fotografia
14-3　　5	丶 冖 写 写 写
真	*ma* (54-5), *man-* (68-16), SHIN (19-2): verità 真中 *mannaka* (68-16): centro, mezzo 真理 SHINRI: verità
109-5　　10	一 十 广 甶 亩 直 直 真 真

19

口	*kuchi*, *-guchi* (19-4), KŌ (45-1): bocca, imboccatura, entrata 西口 *nishiguchi* (79-11): entrata ovest 口座 KŌZA (45-1): conto bancario
30-0　　　3	丨 冂 口

文	*fumi* (19-4), BUN (67-11): lettera, messaggio, letteratura, le lettere 文化 BUNKA (82-1): cultura, civiltà 文学 BUNGAKU (83-titolo): letteratura
67-0　　　4	丶 亠 ナ 文

優	YŪ (19-5): eccellente, superiore 俳優 HAIYŪ (97-20): attore
9-15　　　17	亻 亻 仃 佰 偭 偭 傿 傿 優 優

歌	*uta* (19-7), KA (19-6): poesia, canzone; *uta(u)* (19-7), KA: cantare 歌手 KASHU (19-6): cantante
76-10　　　14	一 厂 丆 可 可 哥 哥 歌 歌 歌

手	*te* (31-1), SHU (19-6), *ZU (69-11): mano 手術 SHUJUTSU (53-10): intervento chirurgico 上手 JŌZU (69-11): abile, esperto
64-0　　　4	一 二 三 手

19

土	*tsuchi*, DO (19-9), TO: suolo, terra 土地 TOCHI: territorio 土曜日 DOYŌ*bi* (19-9): sabato
32-0 3	一 十 土
都	TO (58-14): metropoli, capitale; *TSU (19-11): momento, circostanze 京都 KYŌTO (60-13): Kyoto 都合 TSUGŌ (19-11): circostanze
163-8 11	一 土 耂 耂 者 者 者 者 都 都
合	*a(u)* (71-3), GŌ (19-11): accordarsi, andare bene insieme 場合 *baai* (68-5): caso 連合 RENGŌ (89-esercizio 1.4): lega, unione
30-3 6	ノ 人 亼 合 合 合
次	*tsugi* (19-17), SHI, JI (88-ex.1.2): ordine, seguito, seguente 次第 SHIDAI: ordine, andamento
76-2 6	丶 冫 冫 汔 次 次
機	KI (19-17): occasione, macchina 機会 KIKAI (19-17): occasione 飛行機 HIKŌKI (27-2): aereo
75-12 16	木 术 杵 棧 椣 樤 機 機 機

禁	KIN (20-titolo): divieto 禁止 KINSHI (82-2): vietato, divieto
113-8 13	一 十 ナ 木 朩 朩 朩 梺 梺 禁 禁
煙	*kemu(ru)*, EN (20-titolo): fumare; *kemuri*: fumo 禁煙 KIN-EN (20-titolo): vietato fumare
86-9 13	丶 丷 火 火 灯 炉 烟 烟 煙 煙
辺	*ata(ri)* (32-14), <u>HEN</u> (20-1), -PEN (82-2): vicinanze, paraggi 近辺 KINPEN (82-2): dintorni *浜辺 *hamabe*: spiaggia, riva
162-2 5	フ 刀 刃 辺 辺
遠	*too(i)* (20-3), EN (86-8): essere lontano 遠く *tooku* (61-esercizio 1.3): lontano 遠足 ENSOKU (93-titolo): gita
162-10 13	十 土 吉 吉 吉 袁 袁 袁 遠 遠
隣	*tonari* (20-6): vicino, prossimo
170-13 16	阝 阝 阝 阝 阡 阡 陸 陸 隣 隣

20

側	*kawa*, *-gawa* (20-9): lato, fianco 右側 *migigawa* (20-9): lato destro	
9-9 11	ノ イ イ 们 伂 但 俱 俱 俱 側	
続	*tsuzu(ku)* (20-13), ZOKU: proseguire, continuare; *tsuzu(keru)*: continuare 連続 RENZOKU: successione	
120-7 13	幺 糸 糸 糽 結 結 結 続 続	
僕	<u>BOKU</u> (20-15): io, me (linguaggio maschile) 僕達 BOKUTACHI (87-4): noi	
9-12 14	ノ イ イ' イ'' イ'' 伴 伴 僕 僕 僕	

22

郵	YŪ (22-titolo): posta 郵便 YŪBIN (22-4): la posta	
163-8 11	´ 二 千 壬 垂 垂 垂 垂 郵 郵	
便	BEN (24-4): comodità; BIN (22-titolo): lettera, posta 便利 BENRI (24-4): pratico, comodo …便… BIN (27-3): volo numero…	
9-7 9	ノ イ 亻 亻 伍 佰 佰 便 便	

局	**KYOKU** (22-titolo): ufficio 郵便局 **YŪBINKYOKU** (22-titolo): ufficio postale
44-4　　7	一　フ　尸　月　局　局　局
航	**KŌ** (22-4): navigazione 航空 **KŌKŪ** (22-4): navigazione aerea, volo
137-4　　10	′　丿　力　月　月　舟　舟′　舟　舟广　舟广　航
空	*sora* (48-3), **KŪ** (22-4): cielo; *muna(shii)* (48-4), *kara(ppo)* (45-12), **KŪ**: essere vuoto 空気 **KŪKI** (75-2): aria
116-3　　8	′　丷　宀　宁　穴　宊　空　空
金	*kane* (31-15), **KIN** (22-4), **KON**: soldi; metallo; **KIN**, **KON**: oro 金持 *kanemochi* (87-11): persona ricca 礼金 **REIKIN** (34-15): onorario
167-0　　8	丿　八　入　合　仐　余　余　金
調	*shira(beru)* (22-9), **CHŌ**: raccogliere informazioni; **CHŌ** (41-18): armonia 調子 **CHŌSHI** (41-18): tono, accordo, modo di essere　調査 **CHŌSA**: inchiesta
149-8　　15	ヽ　亠　亖　言　言　訁　訂　訂　調　調　調

22	枚	MAI (22-10): "classificatore per oggetti piatti" 三枚 SANMAI (31-1): tre (parlando di asciugamani)
	75-4 8	一 十 才 木 朳 朾 枚 枚
	百	<u>HYAKU</u> (22-10), -BYAKU, -PYAKU: cento 五百 GOHYAKU (25-11): cinquecento 三百 SANBYAKU: trecento 六百 ROPPYAKU: seicento
	106-1 6	一 ア ァ 百 百 百
23	仕	tsuka(eru) (37-1), SHI (23-titolo): servire a 仕事 SHIgoto (23-titolo): lavoro 仕方 SHIkata (44-14): modo di fare
	9-3 5	ノ イ 仁 什 仕
	事	koto (71-12), -goto (23-titolo), JI (23-10): cosa, fatto, evento 記事 KIJI (64-8): articolo di giornale 用事 YŌJI (86-10): impegno, affare
	6-7 8	一 ア ア 写 写 写 事 事
	上	aga(ru) (72-13): alzarsi, elevarsi, age(ru): alzare, ue (23-1), JŌ (39-3): sopra 起き上がる okiagaru (72-13): sollevarsi 以上 IJŌ (39-3): in più, più di; quanto precede
	1-2 3	丨 ト 上

息	*iki* (48-6): respirazione; **musu* (23-1): figlio 溜息 *tameiki* (48-6): sospiro 息子 *musuko* (23-1): figlio
61-6 10	丿 亻 冂 白 自 自 自 息 息 息

元	*moto* (40-4), GEN (23-1): base, fondamento, origine 足元 *ashimoto* (40-4): alla base dei piedi 元気 GENKI (23-1): buona salute
10-2 4	一 二 テ 元

学	GAKU (23-2), GAK- (82-1): studiare, imparare; scuola 学生 GAKUSEI (80-titolo): studente 学校 GAKKŌ (82-1): scuola
39-5 8	丶 ゛ ゛゛ ゛゛゛ 兴 兴 学 学

卒	SOTSU (23-2): soldato; terminare 卒業 SOTSUGYŌ (23-2): conseguire un diploma o una laurea
24-6 8	丶 亠 广 亠 办 夾 夲 卒

業	GYŌ (23-2): azione, occupazione, professione 工業 KŌGYŌ (64-9): industria 農業 NŌGYŌ (64-11): agricoltura
75-9 13	丷 丷 丷 丷 业 业 业 芈 芈 業

勤	*tsuto(meru)* (23-6), KIN (69-5): avere un impiego, lavorare 転勤 TENKIN (69-5): trasferimento di lavoro	
19-10　12	一 十 艹 艹 芍 苎 莅 堇 勤 勤	
月	*tsuki* (43-7), GETSU (26-11): luna, mese; GATSU (23-7): mese dell'anno 十二月 JŪNIGATSU (74-1): dicembre 二ヶ月 NIKAGETSU (34-15): (una durata di) due mesi	
74-0　4	丿 刀 月 月	
動	*ugo(ku)*, DŌ (23-7): muoversi 不動産 FUDŌSAN (34-titolo): beni immobili 運動 UNDŌ (58-7): movimento, sport	
19-9　11	一 一 一 一 亠 肀 重 重 動 動	
係	KEI (23-7): (avere un) compito, dovere 関係 KANKEI (23-7): legame, relazione	
9-7　9	丿 亻 亻 伫 伫 俆 係 係 係	
社	SHA (23-7): associazione, compagnia 会社 KAISHA (23-7): impresa, società	
113-3　7	丶 ラ ネ ネ ネ- 衤 社	

院	IN (23-9): grande edificio di uso pubblico 病院 BYŌIN (46-8): ospedale, clinica
170-7 10	｀㇋阝阝'阝'阝ㇻ阝ㇼ阝ㇽ阝ㇾ院

交	KŌ (23-10): il viavai 交番 KŌBAN (97-3): posto di polizia
8-4 6	｀亠六六亦交

通	*too(ru)* (57-3), TSŪ (23-10): passare per; *too(ri)*, *-doo(ri)* (58-8): via; *...(no) too(ri)* (87-12): come..., secondo... 大通 *oodoori* (58-8): viale, corso 交通 KŌTSŪ (23-10): traffico, circolazione
162-7 10	㇇マア甬甬甬甬`甬通通

故	KO (23-10): causa, circostanza 事故 JIKO (23-10): incidente
66-5 9	一十十古古古故故故

毒	DOKU (23-11): veleno お気の毒に *o KI no DOKU ni* (23-11): è molto spiacevole
80-4 8	一十キ主圭青青毒

23

週	SHŪ (23-13): settimana 一週間 ISSHŪKAN (46-23): una settimana
162-8 11	丿 冂 冂 冃 用 用 周 周 ｀周 週 週
退	TAI (23-13): ritirarsi 退職 TAISHOKU (59-13): ritirarsi dal lavoro, andare in pensione
162-6 9	フ ユ ヨ 艮 艮 艮 ｀艮 退 退
安	yasu(i) (31-9): essere economico; AN (23-14): calmo, tranquillo 安全 ANZEN (43-10): serenità
40-3 6	｀ 丶 宀 宀 安 安
心	kokoro (85-2), *goko (60-13), SHIN (23-14): cuore, animo 安心 ANSHIN (23-14): tranquillità di spirito
61-0 4	丶 心 心 心

24

狭	sema(i) (24-2): essere stretto
94-6 9	丿 犭 犭 犭 犭 狂 狭 狭

利	RI (24-4): beneficio, guadagno
18-5　　7	丿 ニ 千 千 禾 利 利
音	*oto* (24-6), ON (29-2): rumore, suono 足音 *ashioto* (48-2): rumore di passi 音楽 ONGAKU (47-titolo): musica
180-0　　9	丶 亠 立 产 音 音 音
全	*matta(ku)* (48-6), ZEN (24-6): completamente 全国 ZENKOKU: l'intero paese
11-4　　6	丿 入 公 今 全 全
然	ZEN (24-6): essere così 全然 ZENZEN (24-6): (+ negativo): assolutamente no, niente affatto
86-8　　12	丿 ク タ タ ター 外 外 外 然 然
聞	*ki(ku)* (29-8), BUN (69-1): ascoltare, sentire; *kiko(eru)* (24-6): essere udibile 新聞 SHINBUN (69-1): giornale quotidiano
128-8　　14	丨 冂 冂 冂 門 門 聞 聞 聞 聞

幼	YŌ (24-7): infanzia 幼年 YŌNEN: gli anni dell'infanzia	
52-2 5	⸜ 幺 幺 幻 幼	
稚	CHI (24-7): giovane 幼稚 YŌCHI (24-7): bambino	
115-8 13	´ 二 千 禾 禾 利 利 秆 秆 稚	
園	EN (24-7): giardino, parco 動物園 DŌBUTSUEN (39-1): zoo, giardino zoologico	
31-10 13	冂 冂 冃 門 周 袁 園 園 園	
階	KAI (24-8): piano, livello 一階 IKKAI: piano terra, piano rialzato 二階 NIKAI (41-esempio 1.1): primo piano	
170-9 12	⁷ ⁷ 阝 阝⁻ 阝ヒ 阝ビ 阹 陼 階 階	
眺	*nagame* (24-10): vista, panorama	
109-6 11	｜ 冂 月 目 刖 刖 眅 眺 眺	

向	*mu(keru)* (75-7), KŌ (75-8): girare verso; *mu(kau)* (24-11): dirigersi verso, stare di fronte; *mu(kō)* (39-esercizio 1.5): l'altro lato 方向 HŌKŌ (75-8): direzione	
30-3 6	′ ｲ 冂 向 向 向	
立	*ta(tsu)* (24-11), RITSU (92-1), RIK- (58-8), RIP- (62-4): alzarsi, stare in piedi; *ta(teru)* (40-15): alzare 組み立てる *kumitateru* (40-15): assemblare 国立 KOKURITSU (92-1): nazionale	
117-0 5	` 亠 ㅗ 立 立	
賃	CHIN (24-12): affitto 賃金 CHINGIN: paga, retribuzione	
154-6 13	ｲ ｲ´ ｲ⼆ 任 任 任 賃 賃 賃 賃	
説	SETSU (25-titolo): opinione 説明 SETSUMEI (38-1): spiegazione	
149-7 14	` 亠 ⾔ ⾔ ⾔ ⾔ 訁 説 説 説	
推	SUI (25-3): congettura, ipotesi 推理 SUIRI (25-3): supposizione, congettura	
64-8 11	一 十 扌 扌 扣 扌 扩 扩 扩 推 推	

出	*de(ru)* (27-13), SHUTSU, SHUS- (94-9), SHUT- (90-5), SHUP- (25-4): uscire; *da(su)* (46-13): fare uscire, tirare fuori
	出口 *deguchi* (79-8): uscita
	思い出す *omoidasu* (74-13): ricordare
	出席 SHUSSEKI (94-9): presenza, partecipazione
17-3　　　5	丨 凵 屮 中 出 出
版	HAN, -PAN (25-4): stampa
	出版 SHUPPAN (25-4): pubblicazione
91-4　　　8	丿 丨 广 片 片 片 版 版
主	*nushi* (37-1), SHU (25-7): padrone; *omo* (40-3): principale
	家主 *yanushi*: proprietario d'appartamento 主人 SHUJIN (31-10): marito
3-4　　　5	丶 亠 主 主 主
公	KŌ (25-7), *KU (36-7): pubblico
	公園 KŌEN (68-18): giardino pubblico, parco 公家 KUGE (36-7): nobile di corte
12-2　　　4	丿 八 公 公

思	*omo(u)* (25-11), SHI (50-8): pensare 思想家 SHISŌKA (88-11): pensatore	
61-5　　9	丶 冂 冂 用 田 田 思 思 思	

長	*naga(i)* (25-12): essere lungo	
168-0　　8	丨 厂 F 토 長 長 長	

国	*kuni* (38-3), KOKU (38-2), -GOKU (26-titolo), KOK- (69-14): paese, patria 国民 KOKUMIN (68-12): popolo 天国 TENGOKU (82-3): paradiso 国会 KOKKAI (69-14): Parlamento	
31-5　　8	丨 冂 冂 冂 冂 国 国 国	

春	*haru* (26-1): primavera	
72-5　　9	一 三 声 夫 表 春 春 春	

語	*-gatari* (43-6): racconto; GO (26-2): lingua 物語 *monogatari* (43-6): racconto, storia 日本語 NIHONGO (47-esercizio 1.4): lingua giapponese	
149-7　　14	一 言 言 言 言 言 訂 訝 語 語	

26

悪	*waru(i)* (26-5), AKU: essere cattivo, essere malvagio 悪意 AKUI: cattiva intenzione
61-7 11	一 厂 丆 亜 亜 亜 亜 悪 悪 悪
観	KAN (26-7): aspetto, vista, apparenza 外観 GAIKAN (96-12): aspetto esteriore
147-11 18	ノ ⼆ 午 午 午 弁 弁 隺 観 観
光	*hika(ru)*, KŌ (26-7): scintillare, brillare; *hikari* (30-7): luce 観光 KANKŌ (26-7): turismo
10-4 6	丨 ⺌ ⺌ ⺌ ⺌ 光
少	*suko(shi)* (26-8), SHŌ (83-7): un po'; *sukuna(i)*: poco numeroso
42-1 4	丨 小 小 少
暇	*hima* (26-9), KA: tempo libero 休暇 KYŪKA: ferie, vacanze
72-9 13	日 日' 日' 日' 旷 旷 旷 暇 暇

飛	*to(bu)* (39-11), HI (27-titolo): volare
	飛び立つ *tobitatsu* (43-8): spiccare il volo 飛行場 HIKŌJŌ (27-titolo): aeroporto
183-0　　9	乁 乁 飞 飛 飛 飛 飛 飛 飛

場	*ba* (52-5), JŌ (27-titolo): luogo
	場所 *ba*SHO (52-5): luogo 練習場 RENSHŪJŌ (52-2): campo d'allenamento
32-9　　12	一 十 土 圵 坍 坍 坦 坍 場 場 場

正	*tada(shii)*, *masa-*, SEI (61-12), SHŌ (44-11): giusto, esatto, corretto
	正確 SEIKAKU (61-12): esatto, preciso 正午 SHŌGO (44-11): mezzogiorno in punto
77-1　　5	一 丅 下 正 正

決	*ki(maru)* (27-2): essere deciso; *ki(meru)* (55-15), KETSU (76-16), KES-: decidere
	先決 SENKETSU (76-16): prioritario 決心 KESSHIN: decisione ferma
85-4　　7	丶 冫 氵 汀 泙 决 決

成	* *na(ru)*: diventare
	成田 *narita* (27-3): Narita
62-2　　6	丿 厂 厈 成 成 成

27

港	*minato* (51-7), KŌ (27-3): porto
	空港 KŪKŌ (27-3): aeroporto
85-9 12	氵 氵 汒 汢 浐 洪 港 港

迎	*muka(eru)* (27-4), GEI (94-3): accogliere, andare incontro a
162-4 7	´ ㇈ 卬 㧕 㧕 迎 迎

崎	*saki* (39-11), *-zaki* (27-5): punta, capo
46-8 11	丨 止 山 山¯ 山¯ 屵 㟂 崎 崎 崎

丈	JŌ (27-6): misura
	大丈夫 DAIJŌBU (27-6): non c'è problema
1-2 3	一 ナ 丈

夫	FU (66-1), -BU (27-6), FŪ: uomo, marito
	夫婦 FŪFU: coppia, marito e moglie
37-1 4	一 二 ナ 夫

必	*kanara(zu)* (27-7), HITSU (34-9): certamente, inevitabilmente 必要 HITSUYŌ (34-9): necessario
61-1 5	` ソ 义 必 必
荷	*ni* (27-9): carico 荷物 *ni*MOTSU (27-9): bagaglio
140-7 10	一 十 艹 艹 艹 荀 荀 荷 荷 荷
配	HAI (61-10), -PAI (27-12): distribuire 心配 SHINPAI (27-12): preoccupazione, ansia
164-3 10	一 厂 丌 兀 西 酉 酉 酉 配 配
兄	*ani* (27-13), *nii* (71-10), *KEI (94-8), KYŌ: fratello maggiore お兄さん *oniisan* (71-10): fratello maggiore 兄弟 KYŌDAI: fratelli
10-3 5	ノ 口 口 尸 兄
所	*tokoro* (27-13), *-dokoro* (34-10), SHO (38-7), -JO (82-14): luogo, posto 台所 DAI*dokoro* (34-10): cucina (stanza) 所有 SHOYŪ: proprietà, possesso 近所 KINJO (82-14): i dintorni
63-4 8	一 コ ヨ 戸 戸 戸 所 所

明	*aka(rui)* (94-11), MEI (38-1), MYŌ (53-5): essere chiaro, essere luminoso 明治 MEIJI (88-9): (epoca) Meiji (1868-1912) 明後日 MYŌGONICHI (53-5): dopodomani (A) 明日 *ashita* (27-esercizio 1.5): domani
72-4 8	丨 冂 冃 日 日 明 明 明
誕	TAN (29-titolo): essere nato 誕生日 TANJŌBI (29-titolo): compleanno
149-8 15	亠 言 言 言 言 言 訁 訂 訕 証 証 誕 誕
生	*u(mareru)* (38-5): nascere, *i(kiru)* (89-8), SEI (33-7), SHŌ (67-20), JŌ (29-titolo): vivere; *i(keru)* (34-7): disporre i fiori 生活 SEIKATSU (71-8): vita quotidiana 一生 ISSHŌ (67-20): tutta la vita
100-0 5	丿 ⺃ 牛 牛 生
火	*hi* (85-6), KA (29-1): fuoco 火事 KAJI (85-8): incendio
86-0 4	丶 丷 ⺌ 火
芝	*shiba* (29-2): erba, prato 芝居 *shibai* (29-2): teatro
140-3 6	一 十 艹 艹 芝 芝

居	*i(ru)* (29-2), KYO (34-16): trovarsi, risiedere 入居 NYŪKYO (34-16): stabilirsi in una casa
44-5 8	⁻ ⁻ 尸 尸 尸 居 居 居
楽	*tano(shii)* (39-19), GAKU (47-titolo), GAK- (29-2), RAKU (87-6): essere piacevole; *tano(shimu)* (41-13): gioire di, divertirsi 音楽会 ONGAKKAI (29-2): concerto 気楽 KIRAKU (87-6): a proprio agio
75-9 13	′ ⺈ 自 自 泊 冰 冰 楽 楽 楽
原	*hara* (29-4): piana, landa; GEN (76-6): origine 原始 GENSHI: atomo
27-8 10	⁻ 厂 厂 厂 厏 盾 盾 原 原 原
教	*oshi(eru)* (29-4), KYŌ (88-15): insegnare 教科書 KYŌKASHO (89-4): libro di testo, manuale
66-7 11	⁻ 十 土 耂 耂 孝 孝 教 教
取	*to(ru)* (29-6): prendere 書き取り *kakitori* (57-titolo esercizio di scrittura): dettato
29-6 8	⁻ 丆 F F 耳 耳 取 取

舞	*ma(u)*: danzare; *mai* (53-titolo), BU (29-9): danza 見舞 *mimai* (53-titolo): visita a un malato	
136-8 15	一 无 無 無 舞 舞 舞 舞 舞	
伎	KI (29-9): tecnica 歌舞伎 KABUKI (29-9): (teatro) kabuki	
9-4* 6	ノ イ 仁 仁 伎 伎	
郎	RŌ (29-9): uomo, (finale di nome proprio maschile)	
163-6 9	' ユ ヨ ヨ 皀 良 良 郎 郎	
谷	*tani, ya* (29-9): valle 谷川 *tanigawa*: torrente, ruscello di montagna	
150-0 7	ノ ハ 八 父 父 谷 谷	
怪	KAI (29-9): mistero, apparizione 怪談 KAIDAN (29-9): storia di fantasmi	
61-5 8	' ハ 忄 忄 怀 怀 怪 怪	

談	DAN (29-9): conversazione 会談 KAIDAN: colloquio, negoziato, conferenza	
149-8　15	言 言 言 言 言 訁 訟 談 談 談	
演	EN (29-12): rappresentazione su un palcoscenico 演説 ENZETSU: discorso, conferenza	
85-11　14	氵 氵 氵 氵 汻 汻 汻 浐 浐 演 演	
奏	SŌ (29-12): suonare uno strumento 演奏 ENSŌ (29-12): esecuzione di un brano musicale	
37-6　9	一 二 三 声 夫 丢 麦 奏 奏	
切	*ki(ru)*, *kip-*, (29-13), SAI (81-8), SETSU (89-11): tagliare 切符 *kip*PU (29-13): biglietto 一切 ISSAI (81-8): (+ negativo): assolutamente no - 大切 TAISETSU (89-11): importante	
18-2　4	一 七 切 切	
符	FU, -PU (29-13): marchio, segno	
118-5　11	ノ ヶ ケ 竹 竹 竹 竹 符 符	

29

先	*saki* (86-9), SEN (29-15): davanti; *ma(zu)* (39-6): innanzitutto 先生 SENSEI (33-7): maestro, insegnante 先月 SENGETSU (73-14): mese scorso
10-4　　6	ノ 乀 屮 生 牛 先

30

夏	*natsu* (30-titolo): estate 夏休み *natsuyasumi* (30-titolo): vacanze estive
34-7　　10	一 丆 丆 百 百 百 頁 頁 夏 夏

休	*yasu(mu)* (58-12), KYŪ: riposarsi; *yasu(mi)* (30-titolo): vacanze
9-4　　6	ノ イ 仁 什 休

久	*hisa(shii)* (30-1): essere molto tempo 久し振り *hisashiburi* (73-9): da molto tempo
4-2　　3	ノ ク 久

麦	*mugi* (30-2): frumento, grano, orzo, segale, avena 小麦 *komugi* (30-2): grano
199-0　　7	一 十 キ 圭 丰 麦 麦

色	*iro* (30-2), SHOKU, SHIKI (72-5): colore; tipo 金色 KIN*iro* (85-2): color oro, dorato 色々 *iroiro* (78-3): di tutti i tipi 特色 TOKUSHOKU: peculiarità 景色 KESHIKI (72-5): paesaggio, panorama
139-0 6	ノ ク 々 各 名 色
焼	*ya(ku)*: grigliare; *ya(keru)* (30-2): essere bruciato, grigliato 日焼け *hiyake* (54-16): abbronzatura
86-8 12	丷 火 炉 灯 炉 炉 焼 焼 焼 焼
瀬	*se* (30-5): corrente rapida 瀬戸内海 *seto*NAIKAI (30-5): mare Interno
85-16 19	氵 氵 沪 沖 涑 涑 漸 瀬 瀬
海	*umi* (30-10), KAI (30-5): mare 海上 KAIJŌ: superficie del mare, marittimo
85-6 9	丶 冫 氵 氵 汇 汇 洍 海 海
西	*nishi* (30-5), SEI (88-13), SAI (32-2): ovest 西部 SEIBU: parte ovest 関西 KANSAI (32-2): Kansai (regione del Giappone)
146-0 6	一 厂 厂 币 西 西

名	*na* (36-1), MEI (30-6): nome 片仮名 *katakana* (80-esercizio 1.1): katakana 名物 MEIBUTSU (30-6): specialità di un luogo
30-3 6	ノ ク タ タ 名 名
太	*futo(i)* (71-15), TAI (30-7): essere spesso 大西洋 TAISEIYŌ: oceano Atlantico
37-1 4	一 ナ 大 太
陽	YŌ (30-7): energia positiva, sole 太陽 TAIYŌ (30-7): il sole
170-9 12	⁷ ⁷ ⻖ ⻖⊓ ⻖⊟ 陽 陽 陽
強	*tsuyo(i)* (30-7), KYŌ (64-1): essere forte 強化 KYŌKA: consolidamento
57-8 11	⁷ ⁷ 弓 弘 弘 弘 弘 弘 強 強 強
泳	*oyo(gu)* (30-8): nuotare
85-5 8	⋅ ⋅ ⋅ 氵 氵 汀 汋 汋 泳

昼	*hiru* (30-8): giorno (opposto a notte) 昼寝 *hirune* (30-8): pisolino, siesta 昼間 *hiruma*: giornata
72-5　　9	ｱ ｺ ｱ 尺 尺 吊 吊 昼 昼
半	HAN (30-9): mezzo, metà 半分 HANBUN (61-6): metà, una metà
24-3　　5	丶 ヽ ゝ ヽ 半
岸	*kishi*, GAN (30-11): riva 海岸 KAIGAN (30-11): spiaggia
46-5　　8	' 屮 屮 屮 户 岸 岸 岸
線	SEN (30-12): linea 水平線 SUIHEISEN (30-12): la linea dell'orizzonte marino
120-9　　15	〈 幺 幺 糸 糸' 純 絈 綿 綿 線
村	*mura* (30-14): villaggio
75-3　　7	一 十 十 木 木 村 村

30

貝	KAI (30-15): conchiglia 貝類 KAIRUI (30-15): frutti di mare, diversi tipi di conchiglie
154-0 7	丨 冂 冃 月 目 貝 貝
類	RUI (30-15): tipo, specie 書類 SHORUI (38-titolo): documenti
181-9 18	丷 䒑 半 米 米 类 类 粴 類 類
釣	tsu(ru) (30-16): pescare
167-3 11	𠆢 𠆢 午 𠂉 金 金 金 釣 釣
新	atara(shii) (50-1), SHIN (30-16): essere nuovo 新年 SHINNEN (78-1): il Nuovo Anno 新婚 SHINKON (65-1): sposi novelli
69-9 13	亠 立 立 立 辛 亲 亲 新 新 新
鮮	SEN (30-16): fresco 新鮮 SHINSEN (30-16): fresco (prodotto)
195-6 17	丿 𠂊 𠂋 匆 匃 鱼 鱼 魚 魚 鮮

31

旅	RYO (31-1): viaggio 旅行 RYOKŌ (31-1): viaggio
70-6 10	`ゝ 亠 方 方 圹 圹 扩 斿 旅 旅`
提	*sa(geru)* (31-1): tenere in mano, portare con sé 手提 *tesage* (31-1): borsa, sporta
64-9 12	`ナ 扌 扌 扒 护 护 捍 捍 挕 捍 提`
鞄	*kaban* (31-1): borsa, valigetta 手提鞄 *tesage kaban* (31-1): sporta, valigetta
177-5* 14	`一 卄 卄 苎 苗 革 革 靪 鞆 鞄`
香	KŌ (31-1): profumo, aroma 香水 KŌSUI (31-1): profumo (liquido)
186-0 9	`一 二 千 チ 禾 禾 禾 香 香`
越	*ko(su)* (31-2): passare, oltrepassare 追い越す *oikosu* (32-8): superare, sorpassare (un veicolo)
156-5 12	`土 キ 丰 走 走 走 赶 赺 越 越 越`

散	chi(ru) (90-3), SAN (31-3): cadere, spargersi, sparpagliarsi 散歩 SANPO (31-3): passeggiata
66-8 12	一 卄 廾 艹 芍 昔 昔 昔 散 散
雨	ame (31-5): pioggia
173-0 8	一 ㄒ 厂 币 雨 雨 雨
降	o(riru) (51-18): scendere; fu(ru) (31-5): cadere (solo per pioggia, neve ecc.)
170-7 10	′ 3 阝 阝′ 阝″ 阾 阾 陉 降 降
地	CHI (31-5), JI (66-3): suolo 地下 CHIKA (79-10): sotterraneo 地面 JIMEN: terreno, suolo
32-3 6	一 十 土 圠 坩 地
鉄	<u>TETSU</u> (31-5): ferro 地下鉄 CHIKATETSU (31-5): metropolitana
167-5 13	人 ⺉ 午 乍 牟 金 金 釒 釟 鈇 鉄

乗	*no(ru)* (31-5): salire (su un veicolo) 乗物 *norimono*: mezzo di trasporto, veicolo
4-8 9	一 二 三 三 乒 乓 垂 乖 乗

赤	*aka(i)* (31-7), **SEKI** (53-3): essere rosso 日赤 **NISSEKI** (53-3): Croce Rossa Giapponese
155-0 7	一 十 土 ナ 亣 赤 赤

青	*ao(i)* (31-7), **SEI**: essere blu o verde 青年 **SEINEN**: i giovani
174-0 8	一 十 土 主 青 青 青 青

目	*me* (39-12), **MOKU**: occhio; *-me* (31-8): (rende ordinale un numero) 目的 **MOKUTEKI**: obiettivo, meta
109-0 5	丨 冂 冂 日 目

横	*yoko* (31-8): lato, fianco, orizzontale 横切る *yokogiru*: attraversare, passare attraverso
75-11 15	十 木 木 横 横 横 横 横 横

31

白	*shiro(i)* (31-8), HAKU: essere bianco 白目 *shirome*: bianco dell'occhio (sclera) 白鳥 HAKUCHŌ: cigno
106-0 5	ノ 亻 白 白 白
傘	*kasa* (31-9): ombrello
9-10 12	ノ 人 𠆢 𠆢 仐 仐 仐 仐 傘
姉	*ane* (31-10), *nee* (92-5), SHI: sorella maggiore 姉さん *neesan* (92-5): sorella maggiore 姉妹 SHIMAI: sorelle
38-5 8	く 夂 女 女' 女亠 妒 姉 姉
縁	*fuchi* (31-11): bordo, orlo; <u>EN</u>: relazione, legame 縁側 EN*gawa*: veranda delle case giapponesi tradizionali
120-9 15	幺 糸 糽 糽 紓 紓 紓 縁 縁 縁
付	*tsuku* (31-11), FU: essere attaccato; *tsu(keru)*, *-zukeru* (80-1), FU: attaccare 片付ける *katazukeru* (80-1): sistemare, mettere in ordine 付近 FUKIN: i paraggi, questa zona
9-3 5	ノ 亻 亻 付 付

帰	*kae(ru)* (31-13), KI (45-6): rincasare, tornare a casa propria 帰国 KIKOKU (45-6): tornare al proprio paese
18-8　　10	丨 刂 刂⁻ 归 归 帰 帰 帰 帰
銀	GIN (31-14): argento 銀行 GINKŌ (31-14): banca
167-6　　14	人 亼 牟 余 金 金丨 金コ 鈤 鈤 銀
寄	*yo(ru)* (31-14): passare per un luogo, appoggiarsi
40-8　　11	丶 丷 宀 宀 宁 宯 宯 害 害 寄
部	BU (31-15), HE (44-2): sezione, parte 全部 ZENBU (31-15): totale, intero 部屋 HEYA (44-2): stanza, camera
163-8　　11	丶 亠 立 立 咅 咅 咅⁻ 咅ろ 部
使	*tsuka(u)* (31-15), SHI (45-15): usare, impiegare 使い方 *tsukaikata* (72-esercizio 1.3): modalità di utilizzo 使用量 SHIYŌRYŌ (45-15): tassa
9-6　　8	丿 亻 亻⁻ 亻⁻ 仴 伃 伊 使

32

速	*haya(i)* (32-11), SOKU (32-titolo): essere veloce, essere rapido 速達 SOKUTATSU (61-2): espresso (posta)
162-7 10	一 ー 戸 冃 束 束 束 `束 涑 速

路	RO (32-titolo): via, strada 高速道路 KŌSOKUDŌRO (32-titolo): autostrada
157-6 13	口 口 卩 早 足 足 趴 趴 跤 路

伯	(A) 伯父 *oji* (32-1), 伯父さん *ojisan* (47-esercizio 1.5): zio (A) 伯母 *oba*, *oba(san)*: zia
9-5 7	ノ イ 亻′ 亻′ 伯 伯 伯

父	*chichi* (64-11), *tō* (71-7), FU (94-8): padre お父さん *otōsan* (71-7): papà (linguaggio infantile), Suo padre (per adulti) 祖父 SOFU (90-12): nonno
88-0 4	ノ ハ グ 父

貸	*ka(su)* (32-1): prestare 貸金 *kashi*KIN: prestito, somma prestata
154-5 12	ノ イ 亻 代 代 伐 代 貸 貸

末	MATSU (32-2): fine 週末 SHŪMATSU (32-2): il fine settimana	
75-1	5	一 二 キ 才 末
同	*ona(ji)* (36-2), DŌ (32-2): identico, uguale 同時 DŌJI: stessa ora, (nello) stesso tempo	
13-4	6	丨 冂 冂 同
僚	RYŌ (32-2): compagno 同僚 DŌRYŌ (32-2): collega di lavoro	
9-12	14	亻 亻 伫 伏 伋 侊 倄 僚 僚
発	HATSU, -PATSU (32-2): emettere, emanare, pubblicare, partire 出発 SHUPPATSU (32-2): partenza 発明 HATSUMEI: invenzione	
105-4	9	フ ヌ ヌ′ 癶 癶 癶 癶 発 発
最	SAI (32-4): il più 最大 SAIDAI: il massimo	
73-8	12	冂 旦 旦 早 昌 昌 最 最 最

初	*haji(meru)* (39-2), SHO (32-4): cominciare qualcosa; *haji(maru)*, SHO: qualcosa comincia 初めて *hajimete* (39-2): per la prima volta 最初 SAISHO (32-4): inizio, primo
18-5 7	` ⁊ ㇌ ネ ネ ネ 初 初
走	*hashi(ru)* (32-4): correre (esseri animati e veicoli)
156-0 7	一 十 土 キ キ 走 走
混	*ko(mu)* (32-4), KON: essere affollato, essere mescolato 混雑 KONZATSU: affollamento, traffico, congestione, ingorgo
85-8 11	⸴ ⸴⸴ ⸴⸴⸴ 沪 沪 沪 泥 混 混
制	SEI (32-6): sistema, organizzazione 制度 SEIDO: sistema, ordinamento, istituzione
18-6 8	ノ ⸍ ⸍⸍ 乍 乍 朱 制 制
限	*kagi(ru)*, GEN (32-6): limitare 制限 SEIGEN (32-6): restrizione, limite
170-6 9	⁊ ㇌ 阝 阝⁊ 阝⸢ 阝ヨ 阡 限 限

進	*susu(mu)* (32-6), -SHIN (46-24): avanzare, progredire 進歩 SHINPO: progresso
162-8 11	ノ イ イ´ ｲﾞ 亻 什 隹 隹 ˋ隹 進 進
追	*o(u)* (32-8): inseguire 追い出す *oidasu*: mandare via, scacciare
162-6 9	′ 亻 ㇷ ㇷ 𠂤 𠂤 ˋ𠂤 追
違	*chiga(u)* (89-7), I (32-9): essere diverso 気違い KI*chigai* (82-13): matto per, appassionato di qualcosa 相違 SŌI: differenza
162-10 13	′ 一 亠 吾 音 音 音 韋 韋 違
反	HAN (32-9): opposizione 違反 IHAN (32-9): violazione, infrazione
29-2 4	一 厂 厅 反
急	*iso(gu)* (32-11), KYŪ (94-14): sbrigarsi, affrettarsi 急に KYŪ *ni* (94-14): rapidamente, di colpo
61-5 9	′ ㇰ 刍 刍 刍 刍 急 急 急

汽	KI (32-11): vapore 汽車 KISHA (32-11): treno (a lunga percorrenza)
85-4　　7	`丶 ⺀ ⺌ ⺡ 汽 汽 汽`
方	kata (44-14), -gata (33-11), <u>HŌ</u> (32-11), -PŌ (81-9): direzione, orientamento, modo; *kata*: persona (grado superiore) (48-11) 歩き方 *arukikata*: modo di camminare 夕方 *yūgata* (33-11): sera 漢方薬 KANPŌYAKU (81-9): medicina cinese
70-0　　4	`、 亠 方 方`
有	YŪ (32-12): avere 有料 YŪRYŌ (32-12): a pagamento 有名 YŪMEI (37-8): famoso
74-2　　6	`丿 ナ 犬 有 有 有`
静	*shizu(ka)* (57-6): calmo, tranquillo; *shizu(maru)* (85-2): calmarsi, trovare la tranquillità 静岡 *shizuoka* (32-14): Shizuoka (città)
174-6　　14	`一 十 圭 青 青 青 静 静 静 静`

岡	*oka* (32-14): collina
46-5* 8	丨 冂 冂 門 門 岡 岡 岡
捉	*tsuka(maru)* (32-14): essere catturato; *tsukama(eru)*: arrestare, catturare
64-7* 10	一 十 扌 扌 护 护 护 捉 捉 捉
罰	<u>BATSU</u>, BAK- (32-15): punizione 罰金 BAKKIN (32-15): multa, contravvenzione
122-9 14	冂 罒 罒 罒 罒 罰 罰 罰 罰
払	*hara(u)* (32-15): pagare
64-2 5	一 十 扌 払 払
予	YO (32-16): in anticipo 予算 YOSAN (32-16): budget, preventivo, bilancio
6-3 4	㇇ マ 五 予

32

算	SAN (32-16): calcolo 算数 SANSŪ (92-12): calcolo, aritmetica
118-8 14	丿 ⺮ ⺮ ⺮ ⺮ ⺮ 笹 筲 筲 算 算

足	*ashi* (40-4), SOKU (93-titolo): piede, gamba; *ta(riru)* (32-16), SOKU, -ZOKU: bastare; *ta(su)* (95-5): aggiungere, addizionare 満足 MANZOKU: soddisfatto, contento
157-0 7	丶 口 口 甲 甲 尸 足

戻	*modo(ru)* (32-17): ritornare sui propri passi
63-3 7	一 一 ヨ 戸 戸 戸 戻

33

渋	*shibu(i)* (33-1), SHŪ, JŪ: essere sobrio 渋谷 *shibuya* (33-1): Shibuya (quartiere di Tokyo) 渋滞 JŪTAI: ritardo, ingorgo
85-8 11	丶 冫 氵 氵 汁 汁 泮 渋 渋 渋 渋

犬	*inu* (33-1), KEN (37-1): cane 秋田犬 *akita*KEN (37-1): razza di cane originaria della provincia di Akita
94-0 4	一 ナ 大 犬

銅	DŌ (33-1): rame 銅像 DŌZŌ (33-1): statua di bronzo
167-6 14	ノ 人 ｽ 午 余 金 釒 釘 鉓 銅

像	ZŌ (33-1): forma, immagine, figura, ritratto 想像 SŌZŌ: immaginazione
9-12 14	ノ 亻 伊 伊 伊 伊 傍 像 像

感	KAN (33-5): sentimento, emozione 感心 KANSHIN (33-5): ammirazione
61-9 13	ノ 厂 厂 斤 咸 咸 咸 咸 感 感

昔	*mukashi* (33-6): una volta, anticamente
72-4 8	一 十 卄 卄 꿈 昔 昔 昔

野	*no* (33-7), YA (52-11): campo, campagna 野原 *nohara*: la campagna, i campi 野球 YAKYŪ (52-11): il baseball
166-4 11	冂 日 甲 甲 里 野 野 野 野

33

英	EI (33-7): Gran Bretagna 英語 EIGO (64-1): lingua inglese
140-5 8	一 十 艹 芢 芢 苎 英 英
飼	ka(u) (33-8): allevare un animale 飼い主 kainushi (37-1): padrone di un animale
184-5 13	𠆢 𠆢 今 𠆢 食 食 飣 飣 飼
送	oku(ru) (33-10), SŌ: spedire, accompagnare 見送る miokuru (78-16): accompagnare per una partenza 放送 HŌSŌ: trasmissione, diffusione
162-6 9	丶 ⺀ 䒑 䒑 关 关 送 送
夕	yū (33-11): sera 夕べ yūbe: sera 夕食 yūSHOKU (73-4): cena
36-0 3	ノ 夕 夕

34

不	FU (34-titolo): "negazione" 不便 FUBEN (62-2): scomodo, poco pratico
1-3 4	一 ア 不 不 不

産	**SAN** (34-titolo): nascita, produzione 国産 **KOKUSAN** (96-9): prodotto nazionale
100-6　　11	丶 亠 立 立 产 产 产 产 産
捜	*saga(su)* (34-1), **SŌ**: cercare, indagare 捜査 **SŌSA**: ricerca, inchiesta
64-7　　10	一 十 扌 扫 押 押 捜 捜
軒	**KEN** (34-3), **-GEN** (65-2): "classificatore per contare gli edifici" 一軒家 **IKKEN**ya (34-3): casa monofamiliare
159-3　　10	一 厂 丌 曰 亘 車 車 軒 軒
庭	*niwa* (34-4): giardino 庭つき *niwatsuki* (62-esercizio 1.1): con giardino
53-7　　10	丶 亠 广 庄 庄 庄 庄 庭 庭
別	*waka(reru)* (34-6), **BETSU** (62-11): essere separato, essere distinto 別々 **BETSUBETSU** (62-11): separatamente
18-5　　7	丶 口 口 另 另 別 別

	妻	*tsuma* (34-7), SAI (66-1): sposa, moglie ...夫妻 FUSAI (66-1): il signore e la signora...
38-5	8	一 ラ ヨ ヨ 妻 妻 妻 妻
	花	*hana* (53-8), *-bana* (34-7), KA: fiore 花見 *hanami* (90-titolo): contemplazione dei fiori
140-4	7	一 ヤ サ ヤ ヤ 花 花
	畳	*tata(mu)* (80-3): piegare; *tatami* (80-5): tatami; JŌ (34-8): "classificatore per contare i tatami" 八畳 HACHIJŌ (34-8): (una stanza di) otto tatami
102-7	12	丶 口 皿 田 田 田 田 田 骨 畳
	室	SHITSU (34-8): stanza 和室 WASHITSU (34-8): stanza in stile giapponese 皇室 KŌSHITSU (68-titolo): famiglia imperiale
40-6	9	丶 冖 宀 宀 宀 宀 宀 室 室
	台	TAI, DAI (34-9): sostegno, pedana; "classificatore per contare i veicoli" 台風 TAIFŪ: tifone 二台 NIDAI (34-9): due (vetture)
30-2	5	厶 厶 台 台 台

要	YŌ (34-9): punto fondamentale 要求 YŌKYŪ: domanda, richiesta 主要国 SHUYŌKOKU (89-12): Grandi Potenze
146-3　　9	一 丆 丏 西 西 要 要 要
客	KYAKU (34-11): ospite, invitato, visitatore 観光客 KANKŌKYAKU (85-12): turista
40-6　　9	丶 丷 宀 宀 宀 客 客 客 客
多	oo(i) (34-11), TA: essere numeroso 多分 TABUN: forse
36-3　　6	丿 ク タ タ 多 多
敷	shi(ku) (90-12): stendere, ricoprire 敷金 shikiKIN (34-15): cauzione (per l'affitto)
66-11　　15	一 亘 甫 東 専 males 敷 敷
礼	REI (34-15): educazione, cortesia 失礼 SHITSUREI (83-18): scortesia
113-1　　5	丶 フ ネ ネ ネ 礼

36

苗	MYŌ (36-titolo): giovane pianta, alberello
	苗字 MYŌJI (36-titolo): cognome
140-5* 8	一 十 艹 艹 苎 苎 苗 苗

| 字 | JI (36-titolo): lettera, carattere |
| 39-3   6 | 丶 宀 宀 宁 字 字 |

表	*arawa(su)* (36-1), HYŌ (79-14): mostrare, esprimere
	代表的 DAIHYŌTEKI (83-12): rappresentativo, significativo, tipico
145-3 8	一 十 キ 圭 圭 表 表 表

帳	CHŌ (36-3): quaderno
	電話帳 DENWACHŌ (36-3): elenco telefonico
50-8 11	丨 冂 巾 帄 帆 帐 帐 帐 帳 帳

鈴	*suzu* (36-4), RIN: campanello
	風鈴 FŪRIN: campanella che risuona al soffio del vento e dà un'impressione di freschezza
167-5 13	人 厶 千 金 金 鈴 鈴 鈴 鈴

木	*ki* (36-4), MOKU (39-1), BOKU: albero, legno 木曜日 MOKUYŌ*bi* (39-1): giovedì	
75-0 4	一 十 才 木	
皆	*minna* (36-5), *mina*: tutti	
106-4 9	一 ト ヒ 比 比 毕 毕 皆 皆	
親	SHIN (36-5): parenti, amici intimi 両親 RYŌSHIN (39-titolo): genitori	
147-9 16	亠 立 立 辛 新 新 新 親 親	
戚	SEKI (36-5): relazione 親戚 SHINSEKI (36-5): parente	
62-7* 11	) 厂 厂 厂 严 厍 床 戚 戚 戚	
武	BU (36-7), MU: settore militare 武士 BUSHI: guerriero	
77-4 8	一 二 三 丁 千 正 正 武 武	

36

段		DAN (36-8): tappa, grado 段々 DANDAN (36-8): gradualmente, a poco a poco
79-5	9	´ 亻 ŕ ŕ ŕ 自 自 臼 段 段
民		MIN (36-8): popolo 平民 HEIMIN (36-8): il popolo
83-1	5	⁻ ⁻ ⁻ ⁻ 民
舎		(A) 田舎 *inaka* (36-9): campagna
9-6	8	ノ 人 亼 伞 全 全 舎 舎
渡		*wata(ru)* (36-12), TO (88-14): attraversare; *wata(su)* (79-8): dare, passare 渡来 TORAI: giungere da fuori
85-9	12	氵 氵 氵 汅 沪 沪 泸 泸 渡 渡
川		*kawa* (36-12): fiume 川岸 *kawagishi*: riva di un fiume, sponda di un fiume
47-0	3	ノ 丿 川

意	I (36-13): idea, intenzione 意見 IKEN: parere, opinione, punto di vista
61-9 13	、 亠 ナ 立 产 音 音 音 意 意
味	*aji* (75-12), MI (36-13): gusto, sapore; *aji(wau)* (85-11): gustare, assaporare 意味 IMI (36-13): significato, senso
30-5 8	丨 口 口 口 ロ 叮 咊 味 味
覚	*obo(eru)* (36-14), KAKU (55-13): ricordarsi, sentire, percepire 感覚 KANKAKU (55-13): sensazione, percezione
147-5 12	、 ヽ ツ 『 学 学 学 覚 覚 覚
秋	*aki* (37-1): autunno
115-4 9	ノ 二 千 手 禾 禾 秋 秋 秋
亡	*na(kunaru)* (37-2), BŌ: scomparire, morire 亡命 BŌMEI: esilio volontario, espatrio
8-1 3	、 亠 亡

37

死	*shi(nu)* (37-6), SHI (75-6): morire; <u>SHI</u>: la morte
	死人 SHININ (75-6): un morto
78-2 6	一 ア ア 歹 死 死

建	*ta(teru)* (37-7), KEN (97-16): costruire; *-da(te)* (76-3): costruito in...
	建物 *tatemono* (40-7): edificio
	建築 KENCHIKU: architettura
54-6 9	一 ヨ ヨ ヨ 宀 聿 津 建 建

杯	HAI, -PAI (37-10): "classificatore per contare i bicchieri pieni"
	二杯 NIHAI: due bicchieri
	一杯 IPPAI (37-10): un bicchiere; pieno
75-4 8	一 十 オ 木 朮 朸 杯 杯

38

籍	SEKI (38-2): registro
	国籍 KOKUSEKI (38-2): cittadinanza, nazionalità
118-14 20	⺮ 竺 竿 筀 筀 籍 籍 籍

由	YU (38-5): causa
	…経由 KEIYU (55-6): via...
102-0 5	丨 冂 巾 由 由

美	*utsuku(shii)*, BI (50-titolo), *MI (38-5): essere bello 美しさ *utsukushisa* (85-6): bellezza 美術 BIJUTSU: belle arti	
123-3　　9	` ´´ ⺷ 㐄 羊 羊 羊 美 美	
職	SHOKU (38-8): mestiere 職業 SHOKUGYŌ (38-8): professione	
128-12　18	厂 ⼄ 耳 耳 耴 耵 聕 聵 職 職 職	
滞	TAI (38-11): restare, soggiornare 滞在 TAIZAI (38-11): soggiorno (in un Paese)	
85-10　13	` ⺡ ⺡ 沪 沖 泄 浩 滞 滞	
在	ZAI (38-11): essere, esistere 存在 SONZAI: esistenza	
32-3　　6	一 ナ 才 右 存 在	
許	KYO (38-11): permettere, autorizzare 免許 MENKYO: autorizzazione, permesso 運転免許 UNTENMENKYO: patente di guida	
149-4　11	` 亠 言 言 言 訁 訡 許 許	

38

可	KA (38-11) 許可証 KYOKASHŌ (38-11): autorizzazione, permesso
30-2　　5	一 丁 亣 可 可

証	SHŌ (38-11): prova 証明 SHŌMEI: prova, attestazione
149-5　　12	、 亠 言 言 訂 訂 訂 証 証

39

両	RYŌ (39-titolo): entrambi 両側 RYŌgawa: ambedue le parti
1-5　　6	一 丆 丙 丙 両 両

紙	kami, -gami (39-titolo), SHI (85-1): carta 手紙 tegami (39-titolo): lettera, missiva 表紙 HYŌSHI (85-1): copertina di libro o di rivista
120-4　　10	く 幺 幺 幺 糸 紅 紅 紙 紙

祖	SO (90-12): antenato, avo (A) お祖父さん ojiisan (39-1): nonno (A) お祖母さん obaasan (39-1): nonna
113-5　　9	、 ラ 亍 ネ 礻 初 初 祖 祖

39

母	*haha* (97-1), *kaa* (71-7), BO (90-16): madre お母さん *okaasan* (71-7): mamma 祖母 SOBO (90-16): nonna
80-0 5	乚 口 口 日 母
喜	*yoroko(bu)*: gioire; *yoroko(bi)* (39-2): gioia 大喜び *ooyorokobi* (39-2): grande gioia
30-9 12	一 十 士 吉 吉 吉 吉 喜 喜
以	I (39-3): per mezzo di 以来 IRAI (59-14): da 以外 IGAI: eccetto, salvo
9-3 5	丶 レ レ 以 以
並	*nara(bu)* (39-3), HEI: essere allineato, essere in fila 並行 HEIKŌ: parallelismo
12-6 8	丶 丷 ヅ 斗 並 並 並 並
季	KI (39-5): stagione 四季 SHIKI (66-5): le quattro stagioni
39-5 8	一 二 千 禾 禾 季 季

39

節	SETSU (39-5), SECHI (74-15): periodo, momento
	季節 KISETSU (39-5): stagione
118-7　13	ノ 丿 ⺮ 竹 竺 䇹 筲 笛 節 節

答	kota(eru) (39-5): rispondere; kota(e): risposta
118-6　12	ノ 丿 ⺮ 竹 竺 竺 筌 笒 答 答

首	kubi (39-6): collo; SHU (76-11): collo, testa, elemento principale
	首輪 kubiwa (82-15): collare (per animali) 首都 SHUTO (76-11): capitale, metropoli
185-0　9	丶 丷 䒑 䒑 产 首 首

頭	atama (50-11), TŌ (39-7): testa, "classificatore per contare gli animali grossi"
	三頭 SANTŌ (39-7): tre (animali grossi)
181-7　16	一 口 豆 豆 豆 豆 頭 頭 頭

象	ZŌ (39-7): elefante; SHŌ (85-16): immagine, segno
	象牙 ZŌGE: avorio 印象 INSHŌ (85-16): impressione (ricevere)
152-5*　12	ノ ⺈ 凸 岛 免 象 象 象 象

耳	*mimi* (39-8): orecchio	
128-0 6	一 丁 F 王 耳	
愛	**AI** (39-10): amore, affetto 愛情 AIJŌ: amore, tenerezza	
61-9 13	一 ⺌ ⺍ ⺪ 丞 忩 惡 愛 愛	
嬌	**KYŌ** (39-10): attrazione 愛嬌 AIKYŌ (39-10): fascino	
38-12* 15	㇑ 夕 女 女ˊ 女ˊ 女ˊ 妖 妖 嬌 嬌	
熊	*kuma* (39-10): orso	
86-10* 14	⺊ ⺾ 台 育 能 能 能 熊	
似	*ni(ru)* (39-11): assomigliare 似合う *niau* (71-10): addirsi, convenire, armonizzarsi	
9-5 7	ノ 亻 ㇑ ㇑ ㇑ 似 似	

39

猿	*saru* (39-11): scimmia
94-10　　13	ノ 亻 犭 犭 犭 狞 猎 猿 猿 猿

枝	*eda* (39-11): ramo
75-4　　8	一 十 才 木 朩 朾 枋 枝

移	*utsu(ru)* (39-11), I: trasferirsi; *utsu(su)*, I: trasportare, trasferire 飛び移る *tobiutsuru* (39-11): saltare da una parte all'altra 移動 IDŌ (95-17): spostamento, trasporto
115-6　　11	ノ 二 千 手 禾 禾 秆 秽 秽 移

眠	*nemu(ru)* (60-13), MIN (73-10): dormire; *nemu(i)* (39-12): avere sonno
109-5　　10	｜ 冂 冃 目 目' 目' 旷 眂 眠

吠	*ho(eru)* (39-13): ruggire, abbaiare
30-4　*　7	丶 口 口 口 口ー 吖 吠 吠

妹	*imōto* (39-14), MAI: sorella minore 姉妹会社 SHIMAIGAISHA: società affiliate	**39**
38-5　　　8	く 女 女 女' 女⁻ 妌 妹 妹	
驚	*odoro(ku)* (39-14): essere sorpreso, essere stupito	
187-12　22	⺿ 芍 苟 茍⸝ 敬 敬 敬 驚 驚 驚	
泣	*na(ku)* (39-14): piangere	
85-5　　　8	` ⸝ ⸝ ⸝ 氵 汁 汁 泣 泣	
絵	*e* (39-18), KAI: disegno, quadro 絵葉書 *ehagaki* (39-18): cartolina (illustrata) 絵画 KAIGA: pittura	
120-6　12	く ⸝ ⸝ 乡 糸 糸' 糸⼂ 給 絵 絵	
工	KŌ (40-titolo): artigianato, fabbricazione 工場 KŌJŌ o KŌ*ba* (40-titolo): fabbrica, officina	**40**
48-0　　　3	一 丅 工	

40

共	*tomo*, KYŌ: insieme; -*domo* (40-2): "suffisso che indica pluralità" 私共 *watakushidomo* (40-2): noi 公共 KŌKYŌ: comune, pubblico
12-4 6	一 卄 共 共 共

案	AN (40-2): proposta, idea, progetto 案内 ANNAI (40-2): fare da guida, condurre; annuncio, avviso
75-6 10	' ' 宀 灾 安 安 宰 宰 案 案

製	SEI (40-3): fare, costruire 製品 SEIHIN (40-3): prodotto finito
145-8 14	' 亠 与 与 朱 制 製 製 製 製

品	HIN (40-3): cose, prodotti 食品 SHOKUHIN (48-14): alimenti
30-6 9	' 口 口 品 品

倉	*kura*, SŌ (40-5): deposito, magazzino 倉庫 SŌKO (40-5): magazzino
9-8 10	ノ 人 人 今 今 会 倉 倉

40

庫	**KO (40-5)**: deposito, magazzino 文庫本 BUNKOBON: libro tascabile	
53-7 10	` 一 广 广 广 庐 庐 盾 盲 庫	
置	*o(ku)* (40-6), **CHI**: mettere, porre 位置 ICHI: posizione	
122-8 13	` 冖 罒 罒 罒 甲 罕 罝 置 置	
務	**MU (40-7)**: svolgere un ruolo, ricoprire un incarico 事務所 JIMUSHO (40-7): ufficio	
19-9 11	` マ ヌ 予 矛 矛 矛 孜 務 務	
造	**ZŌ (40-8)**: costruzione 木造 MOKUZŌ (85-9): costruito in legno	
162-7 10	` ⺧ 屮 生 告 告 告 造 造	
質	<u>**SHITSU (40-9)**</u>: materia, qualità 物質 BUSSHITSU (81-8): materia, sostanza	
154-8 15	` ⺁ ⼂ ⼂ 斦 所 斦 皙 質	

• 95

問	MON (40-9): discussione, problema 質問 SHITSUMON (40-9): domanda
30-8　　11	丨 冂 冃 冃 門 門 問 問
員	IN (40-11): una persona membro di... 議員 GI-IN (69-14): parlamentare, consigliere
30-7　　10	丶 冂 口 尸 肙 肙 肙 員 員
失	ushina(u), SHITSU (40-14): perdere 失業者 SHITSUGYŌSHA (40-14): disoccupato
37-2　　5	丿 一 二 牛 失
者	mono (43-11), SHA (40-14): persona 悪者 warumono (43-11): persona cattiva 記者 KISHA (69-1): giornalista
125-4　　8	一 十 土 耂 耂 者 者 者
組	ku(mu) (40-15): assemblare, costruire; -gumi: gruppo 組合 kumiai: sindacato 番組 BANgumi: programma (radio e TV)
120-5　　11	〈 幺 幺 糸 糸 紅 紐 組 組

曲	ma(garu) (72-12): curvare, girare; KYOKU (41-5): brano musicale 作曲家 SAKKYOKUKA (41-5): compositore
73-2　　6	丨 冂 巾 曲 曲 曲
他	hoka (41-10), TA: altro 他人 TANIN: altri, altrui
9-3　　5	ノ 亻 仁 仲 他
断	kotowa(ru) (41-10): rifiutare; DAN: decisione, rottura 中断 CHŪDAN: interruzione
69-7　　11	丶 亠 半 米 迷 迷 迷 断 断 断
病	BYŌ (41-15): malattia 病気 BYŌKI (41-15): malattia
104-5　　10	丶 亠 广 广 疒 疒 疒 病 病 病
温	atata(kai) (41-19), ON: essere caldo (piacevole) 温度 ONDO: temperatura (esterna)
85-9　　12	丶 丶 氵 氵 沪 沪 泥 渭 温 温

43

宇	U (43-4): tetto, cielo 宇宙 UCHŪ (43-4): universo, cosmo
40-3　　6	丶 丷 宀 宁 宇 宇
宙	CHŪ (43-4): aria, spazio 宇宙船 UCHŪSEN: astronave
40-5　　8	丶 丷 宀 宁 宁 宙 宙 宙
冒	BŌ (43-4): rischio, sfida 冒険 BŌKEN (43-4): avventura
72-5　　9	丨 冂 冂 旦 旦 冃 冐 冒 冒
険	KEN (43-4): posizione strategica 保険 HOKEN: assicurazione, garanzia 保険会社 HOKENGAISHA: compagnia di assicurazioni
170-8　　11	丿 阝 阝 阝 阝 阶 陊 険 険
球	KYŪ (43-7): sfera, globo 地球 CHIKYŪ (43-7): globo terrestre
96-7　　11	一 丁 干 王 玎 玎 玗 珜 球 球

点	TEN (43-7): punto 出発点 SHUPPATSUTEN (43-7): punto di partenza
86-5　　9	丶 丨 冖 占 占 点 点

星	*hoshi* (43-8), SEI (43-8): stella 星座 SEIZA: costellazione
72-5　　9	丨 冂 日 日 旦 早 星 星

惑	WAKU (43-8): errore 惑星 WAKUSEI (43-8): pianeta
61-8　　12	一 丆 丂 豆 或 或 或 或 惑 惑

果	ha(te) (43-9): fine, termine, esito; KA: frutta *果物 kudamono (53-8): frutta 結果 KEKKA (89-18): risultato
75-4　　8	丨 冂 日 旦 甲 果 果

侵	SHIN (43-9): invadere 侵略 SHINRYAKU (43-9): invasione, aggressione
9-7　　9	丿 亻 伊 伊 伊 伊 侵 侵

略	RYAKU (43-9): omissione, abbreviazione 略語 RYAKUGO: abbreviazione	
102-6 11	丨 冂 冊 田 田ˊ 甼 略 略 略	
彼	*彼方 kanata (43-10): lontano, laggiù *彼女 kanoJO (71-8): lei	
60-5 8	′ ㇌ 彳 彳ㇰ 彳ㇻ 彷 彼 彼	
敵	TEKI (43-11): nemico 敵国 TEKIKOKU (43-11): paese nemico	
66-11 15	亠 ㅗ 产 育 商 商 啇 啇ˊ 敵ˊ 敵	
恋	ko(u) (43-11), REN: innamorarsi 恋愛 REN-AI: amore, passione	
61-6 10	′ 亠 ナ 方 亦 亦 亦 恋 恋	
容	YŌ (43-14): forma, aspetto 内容 NAIYŌ (43-14): contenuto	
40-7 10	′ 宀 宀 宍 宍 究 究 容 容	

興	KYŌ (43-15), KŌ: interesse, piacere 興味 KYŌMI (43-15): interesse, curiosità 興行 KŌGYŌ: allestimento di uno spettacolo	43
134-9 16	ノ ⺉ ﬂ ｦ 印 ｹ 冋 冋 ｹ 卿 興 興	

離	hana(reru) (44-7): allontanarsi, lasciare	44
172-11 19	亠 文 卤 离 离 离 剤 剤 剤 離	

座	suwa(ru) (54-14), ZA (45-1): sedersi 座談会 ZADANKAI: tavola rotonda, discussione collettiva	45
53-7 10	ﾞ 亠 广 广 庀 庀 座 座 座	

開	hira(ku) (45-1), KAI: aprire; a(ku) (60-8), KAI (90-1): aprirsi 満開 MANKAI (90-1): piena fioritura	
169-4 12	｜ ｢ ｢ ｢ 門 門 問 開 開	

普	FU (45-3): generalmente 普通 FUTSŪ (45-3): abituale, usuale
72-8 12	ﾞ ﾞ 亠 产 并 并 並 並 普 普

• 101

45		
外	soto (60-11), GAI (45-3): fuori, esterno 外国 GAIKOKU (62-esercizio 1.2): paese straniero　外国人 GAIKOKUJIN (45-3): persona straniera	
36-2　　5	ノ ク タ 列 外	
残	noko(ru) (45-6), ZAN (60-8): avanzare, rimanere 残業 ZANGYŌ: straordinario (lavoro)	
78-6　　10	一 丆 歹 歹 歹 残 残 残 残	
預	azu(karu) (92-5): ricevere in deposito; azu(keru) (45-6): affidare, lasciare in deposito	
181-4　　13	〻 マ ヌ 予 予 予 預 預 預	
冬	fuyu (45-8): inverno	
34-2　　5	ノ ク 夂 冬 冬	
遊	aso(bu) (45-8), YŪ: divertirsi, giocare 遊園地 YŪENCHI: parco dei divertimenti, luna park	
162-9　　12	亠 う 方 方 圹 圹 斿 斿 游 遊	

増	*fu(eru)* (45-9), ZŌ: aumentare 増加 ZŌKA: aumento, accrescimento, incremento
32-11　14	一十十十﹅土﹅土﹅扩坤坤増増増
翌	YOKU (45-11): seguente (tempo) 翌朝 YOKUCHŌ: la mattina seguente
124-5　11	刁 刁 ヨ 刁 羽 羽 羿 翌 翌
定	TEI (45-12): fissare, decidere 予定 YOTEI (45-12): progetto, programma 定年 TEINEN (66-6): età della pensione
40-5　8	丶 丷 宀 宀 宇 宇 定 定
財	SAI (45-12), ZAI: fortuna, ricchezza, denaro 財布 SAIFU (45-12): portafoglio 財産 ZAISAN: ricchezza, beni, fortuna
154-3　10	丨 冂 月 目 貝 貝 貝 財 財
布	FU (45-12), -PU: tessuto 分布 BUNPU: suddivisione
50-2　5	一 ナ 才 右 布

45

用	YŌ (45-15): uso, impiego 旅行用 RYOKŌYŌ (65-16): da viaggio	
101-0 5	) 冂 月 月 用	
願	*nega(u)*: domandare, pregare; *negai* (45-16): domanda, richiesta, preghiera	
181-10 19	一 厂 厂 厉 原 原 原 願 願 願	

46

医	I (46-titolo): medico 医者 ISHA (46-titolo): dottore 医学 IGAKU: medicina (scienza)	
23-5 7	一 ア ヱ 三 歪 医 医	
胃	I (46-1): stomaco 胃袋 Ibukuro: stomaco	
130-5 9	丨 冂 m 田 田 甲 胃 胃	
痛	*ita(i)* (46-1): avere male; *ita(mi)*: dolore	
104-7 12	亠 广 广 疒 疒 疒 痄 痈 痛	

46

潰	*tsubu(su)*, KAI (46-3): schiacciare
	潰走 KAISŌ: disfatta, sconfitta
85-12* 15	氵 氵 氵 沖 泔 沽 清 清 潰

瘍	YŌ (46-3): ulcera, ascesso
	胃潰瘍 IKAIYŌ (46-3): ulcera allo stomaco
104-9* 14	亠 广 疒 疒 疒 痄 疸 瘍 瘍

治	CHI (46-5), JI (88-5): governare, curare
	治療 CHIRYŌ (46-5): cura, terapia
	政治家 SEIJIKA (88-5): politico (persona)
85-5 8	丶 丶 氵 氻 冶 治 治 治

療	RYŌ (46-5): salute
	療法 RYŌHŌ: mezzi terapeutici, terapia
104-12 17	亠 广 疒 疒 疒 疹 痞 瘩 瘴 療

題	DAI (46-5): soggetto, tema, titolo
	問題 MONDAI (46-5): problema, questione
181-9 18	日 旦 早 早 是 是 題 題 題

• 105

直	*nao(ru)* (46-5): essere riparato, guarire; *nao(su)* (59-2): riparare, correggere, guarire; JIKI (64-6), CHOKU: diretto, sincero もう直 *mō*JIKI (64-6): immediatamente 直接 CHOKUSETSU: diretto
109-3 8	一 十 亣 亣 盲 盲 直
経	*ta(tsu)* (46-10), KEI (55-6): passare, trascorrere (tempo) 経験 KEIKEN: esperienza
120-5 11	〈 幺 幺 乡 糸 紀 终 経 経 経
舌	*shita* (46-13): lingua (organo)
135-0 6	ノ 二 千 千 舌 舌
押	*o(su)* (46-15): spingere, premere
64-5 8	一 十 扌 扪 扪 押 押 押
控	*hika(eru)* (46-23): astenersi, limitarsi
64-8 11	一 十 扌 扌 扌 扩 控 控 控 控

昇	SHŌ (46-24): salire 昇進 SHŌSHIN (46-24): avanzamento, promozione	
72-4 8	丶 ㇉ ㄇ 曰 曱 尹 昇 昇	
祝	*iwa(u)*: celebrare; *iwa(i)* (46-24): festa, celebrazione, commemorazione	
113-5 9	丶 ラ ネ ネ ネ 祀 祀 祀 祝	
加	*kuwa(eru)*, KA (47-3): aggiungere 加工 KAKŌ: lavorazione, trasformazione industriale	
19-3 5	フ カ カ 加 加	
藤	*fuji* (74-1), TŌ (47-3): glicine	
140-15* 18	艹 艹 芇 薛 萨 䐔 藤 藤 藤	
特	<u>TOKU</u> (47-4): speciale 特別 TOKUBETSU (68-2): speciale, particolare	
93-6 10	丿 ㇉ 牛 牛 牛 牜 牜 牫 特 特	

47

器	KI (47-5): utensile, strumento 楽器 GAKKI (47-5): strumento musicale
30-12 15	丿 冂 口 吅 吅 罒 哭 器 器

趣	SHU (47-6): tendere verso 趣味 SHUMI (47-6): gusto, passatempo, hobby
156-8 15	土 キ 走 走 赱 赹 趣 趣 趣

校	KŌ (47-8): edificio scolastico 小学校 SHŌGAKKŌ (92-13): scuola primaria (elementare)
75-6 10	一 十 才 木 朩 杧 柼 枋 校

活	KATSU (47-8), KAP- (88-17): vita, attività 活動 KATSUDŌ (47-8): attività, azione 活発 KAPPATSU (88-17): attivo, vivace
85-6 9	丶 丶 氵 氵 汙 汗 汗 活 活

始	*haji(maru)*, SHI (74-16): cominciare, iniziare, debuttare; *haji(meru)* (47-8), SHI: cominciare qualcosa 年始 NENSHI (74-16): inizio dell'anno
38-5 8	乚 女 女 如 如 始 始 始

吹	*fu(ku)* (47-9): soffiare
30-4 7	丿 口 口 吖 吖 吹

仲	*naka* (47-13), CHŪ: relazione 仲間 *nakama* (47-13): compagno, amico; banda, gruppo 仲介 CHŪKAI: tramite, mediazione
9-4 6	ノ イ 亻 仁 仃 仲

隔	KAKU (47-13): alterno, uno su due 隔週 KAKUSHŪ (47-13): una settimana su due, ogni quindici giorni
170-10 13	了 阝 阝 阼 阼 隔 隔 隔

集	*atsu(maru)* (47-13), SHŪ: riunirsi; *atsu(meru)*, SHŪ: radunare, riunire 集団 SHŪDAN: gruppo, collettività
172-4 12	ノ イ 亻 广 什 隹 隹 焦 隼 集

終	*o(waru)* (48-1), SHŪ: terminare, finire (intransitivo), *oe(ru)*, SHŪ: terminare, finire (transitivo) 終点 SHŪTEN: capolinea
120-5 11	ㄑ 纟 纟 纟 糸 糸 紀 終 終

雲	*kumo* (67-9), *-gumo* (48-3): nuvola いわし雲 *iwashigumo* (48-3): cirrocumulo
173-4 12	一 ニ 戸 币 乕 雨 雪 雲 雲
浮	*uka(bu)* (48-3): fluttuare, galleggiare
85-7 10	、 冫 冫 冫 冹 汙 浮 浮 浮
世	*yo* (48-4), SE (76-10), SEI (88-7): mondo 世話 SEWA (78-3): cura, attenzione 世紀 SEIKI (88-7): secolo
1-4 5	一 十 廿 丗 世
枯	*ka(reru)* (48-5): seccarsi, morire 枯葉 *kareha* (48-5): foglie secche, foglie morte
75-5 9	一 十 才 木 朩 村 枯 枯 枯
落	*o(chiru)* (48-5), RAKU: cadere; *o(tosu)* (73-4): fare cadere 落第 RAKUDAI: bocciatura scolastica
140-9 12	一 艹 艾 莎 莎 茨 茨 落 落

悲	*kana(shii)* (48-5), HI: essere triste 悲観的 HIKANTEKI (95-19): pessimista	
61-8　　12	ノ ナ ヲ ヲ ヺ 非 非 悲 悲	

溜	*ta(meru)* (48-6): ammassare, riempire 溜池 *tameike*: riserva, cisterna	
85-10*　　13	氵 氵 氵 氵 沟 沟 沟 溜 溜 溜	

詩	SHI (48-6): poesia (non giapponese) 漢詩 KANSHI: la poesia cinese	
149-6　　13	丶 亠 言 言 言 計 計 詿 詩 詩	

暮	*kura(su)* (97-12): vivere; *ku(reru)*: oscurarsi, terminare; *ku(re)*, *-gu(re)* (48-7): fine 日暮れ *higure* (48-7): la fine del giorno	
72-10　　14	一 艹 艻 艻 苩 苷 莫 莫 暮	

柿	*kaki* (48-7): cachi 柿色 *kaki-iro*: color cachi (giallo-bruno)	
75-5*　　9	一 十 才 木 朮 朾 枦 柿 柿	

輝	*kagaya(ku)* (48-7): brillare, scintillare
159-8 15	丨 丬 业 业 光 煋 煋 煋 煋 輝
過	*su(giru)* (48-9), KA: passare, superare (tempo); *su(gosu)* (97-10): passare il proprio tempo, vivere 過去 KAKO (89-15): il passato 過程 KATEI: processo, corso, iter
162-9 12	丨 冂 冂 冃 冎 円 咼 咼 過 過
寂	*sabi(shii)* (48-9): essere triste, solo, desolato (luogo)
40-8 11	丶 宀 宀 宀 宀 宇 宋 宋 宋 寂
命	*inochi* (48-10), MEI (83-2): vita, destino; ordine 人命 JINMEI: la vita umana 命令 MEIREI: ordine, comando
30-5 8	丿 人 亼 亼 合 合 命 命
風	*kaze*: vento; FŪ (62-1), FŪ (48-12): vento, aria; maniera, stile 日本風 NIHONFŪ (66-4): in stile giapponese (A) 風呂 *furo* (62-1): bagno giapponese *風邪 *kaze* (81-titolo): raffreddore
182-0 9	丿 几 凡 凡 凨 凨 風 風

酔	yo(u) (48-13): ubriacarsi, essere ebbro 酔っぱらう *yopparau* (48-13): essere ubriaco
164-4　11	一 丆 丙 西 酉 酉 酌 酔 酔

現	GEN (48-13): attuale, presente 現代 GENDAI (50-1): moderno, contemporaneo
96-7　11	一 丅 千 王 刋 玗 玥 珇 現 現

的	-TEKI (48-13): "suffisso che si usa per formare gli aggettivi" 現実的 GENJITSUTEKI (48-13): realista
106-3　8	′ 亻 冇 白 白 白′ 的 的

冷	*tsumeta(i)* (54-9): essere freddo, essere gelato; *hi(yasu)* (74-3), REI (48-14): raffreddare, rinfrescare 冷凍 REITŌ (48-14): congelamento
15-5　7	ヽ 冫 ソ 冹 冷 冷 冷

凍	TŌ (48-14): gelare; congelare 凍結 TŌKETSU: congelamento
15-8　10	冫 冫 冫 冱 戸 冝 凍 凍 凍

48	売	u(ru) (48-14), BAI (48-14): vendere 商売 SHŌBAI (48-14): commercio, affari
	33-4　　7	一 十 士 ｰ声 声 声 売
	商	SHŌ (48-14): commercio; negozio 商社マン SHŌSHA*man* (97-19): uomo d'affari
	30-8　　11	ｰ 亠 ㅗ 产 产 咨 商 商 商
50	術	JUTSU (50-titolo): arte, tecnica 美術館 BIJUTSUKAN (50-titolo): museo di belle arti
	144-5　　11	ノ 彳 彳 朮 朮 休 休 術 術
	緑	midori (50-7): verde, il verde (natura) 緑色 *midori-iro* (50-7): di colore verde
	120-8　　14	く 幺 糸 紀 紀 絆 絆 絆 緑
	非	HI (50-8): torto, errore; "prefisso negativo" 非常 HIJŌ (50-8): estremo, straordinario
	175-0　　8	ノ 丿 ヲ ヲ 非 非

常	*tsune*, JŌ (50-8): abituale, normale 日常 NICHIJŌ (94-titolo): quotidiano, comune, ordinario
50-8 11	丶 丷 兯 学 堂 堂 常 常 常
議	GI (50-8): dibattere, deliberare 不思議 FUSHIGI (50-8): inspiegabile, strano 会議 KAIGI (89-12): assemblea
149-13 20	言 訁 訁 詳 詳 謹 謹 議 議 議
顔	*kao* (50-9): viso, faccia 顔色 *kaoiro*: il colorito del viso
181-9 18	亠 立 立 产 彦 彦 節 顔 顔
猫	*neko* (50-10): gatto 猫舌 *nekojita* (letteralmente "lingua di gatto"): impossibilità di mangiare o bere cibi troppo caldi
94-9 12	丿 犭 犭 犷 犷 犻 猫 猫 猫
鼻	*hana* (50-12): naso
209-0 14	丶 丆 宀 自 𦣻 畠 鼻 鼻 鼻

夢	*yume* (50-15), MU: sogno, illusione 悪夢 AKUMU: incubo	
36-10 13	一 艹 芦 芇 苗 苩 莎 夢 夢	
森	*mori* (50-15), SHIN: bosco, foresta 森林 SHINRIN: foresta, selva	
75-8 12	一 十 才 木 森 森	
鳥	*tori* (50-15): uccello	
196-0 11	′ 冂 冋 户 自 鸟 鳥 鳥	
探	*saga(su)* (51-titolo), TAN: cercare, esplorare 探検 TANKEN: esplorazione	
64-8 11	一 十 才 才 扩 扩 护 挦 挦 探	
区	KU (51-7): distretto, quartiere 千代田区 *chiyoda*KU (68-9): il quartiere Chiyoda	
23-2 4	一 フ 又 区	

携	*tazusa(eru)*, KEI (51-12): portare qualcosa nella mano
	携帯 KEITAI (51-12): (telefono) cellulare
64-10 13	扌 扌 扌 扩 扩 拚 推 推 携 携

| 帯 | *obi*, TAI (51-12): cintura |
| 50-7 10 | 一 十 卅 丗 世 世 丗 帯 帯 帯 |

充	JŪ (51-13): riempire
	充電 JŪDEN (51-13): batteria
10-4 6	丶 亠 亡 云 产 充

巨	KYO (52-1): enorme, immenso
	巨大 KYODAI (52-1): enorme
22-2 5	丨 厂 尸 巨 巨

| 網 | *ami* (52-1): rete |
| 120-8 14 | 乚 幺 糸 紀 網 網 網 網 網 |

町		*machi* (52-5), CHŌ: (insieme di case) quartiere, agglomerato, città 町立 CHŌRITSU: comunale
102-2	7	丨 冂 爪 用 田 田 町
広		*hiro(i)* (52-6), KŌ: essere vasto, essere ampio 広場 *hiroba*: piazza 広告 KŌKOKU: pubblicità
53-2	5	丶 亠 广 広 広
張		*ha(ru)* (52-7), CHŌ: fissare, montare, tendere 出張 SHUCCHŌ (90-5): viaggio d'affari
57-8	11	丨 ㇆ 弓 引 引 弭 張 張 張
盛		*saka(n)* (52-9): prospero, fiorente
108-6	11	丿 厂 厈 成 成 成 成 盛 盛
番		BAN (52-11): guardia, sorveglianza; ordine, taglia 番地 BANCHI (61-8): numero civico
102-7	12	一 丷 立 平 来 来 番 番 番

橋	*hashi* (53-1), *-bashi* (6-4), **KYŌ**: ponte 鉄橋 **TEKKYŌ**: ponte di ferro, ponte ferroviario
75-12　　16	十 木 术 朽 朽 杯 杯 椅 橋 橋

腸	**CHŌ** (53-10): intestino
130-9　　13	ノ 几 月 肌 肌 胛 臦 腭 腸

黄	*ki* (53-11): giallo 黄色 *kiiro* (53-11): colore giallo
201-0　　11	一 廾 艹 艹 芦 莆 莆 黄 黄

借	*ka(riru)* (54-1), **SHAKU**, **SHAK-** (76-16): prendere in prestito, prendere in affitto 借金 **SHAKKIN** (76-16): debito
9-8　　10	ノ イ 仁 仁 件 併 借 借 借

替	*ka(eru)*, *-ga(eru)* (54-3): cambiare, sostituire 着替える *kigaeru* (54-3): cambiarsi d'abito
73-8　　12	一 二 ナ 夫 扶 扶 扶 替 替 替

哲	TETSU (54-4): chiaro 哲学 TETSUGAKU: filosofia	
30-7	10	一 十 才 扌 扩 扩 折 折 折 哲
雄	o (54-4): maschile, "finale per i nomi maschili"	
172-4	12	一 ナ 左 広 広 広 広 雄 雄 雄
規	KI (54-5): standard, modello 規定 KITEI: regola, prescrizione, condizioni	
147-4	11	一 二 丰 夫 却 規 規 規 規
帽	BŌ (54-5): cappello 帽子 BŌSHI (54-5): cappello, berretto	
50-9	12	丨 口 巾 巾 帄 帄 帄 帽 帽 帽
被	kabu(ru) (54-7): mettersi qualcosa in testa, mettere il cappello	
145-5	10	丶 フ ヌ ネ ネ 衤 衤 衤 被 被

岩	*iwa* (54-10): roccia
46-5 8	丨 ㄩ 屴 屵 屵 岩 岩 岩

競	KYŌ (54-10): gara, competizione 競争 KYŌSŌ (54-10): gara
117-15 20	丶 ㅗ ㅛ 立 产 音 音 竞 竞 竞 竞 競

勝	*ka(tsu)* (54-11), SHŌ: guadagnare; essere il vincitore 勝利 SHŌRI: vittoria, trionfo
19-10 12	丿 月 月 月ˊ 肝 胖 胖 朕 勝 勝

危	*abuna(i)* (54-12), KI: essere pericoloso 危険 KIKEN: pericolo, rischio
26-4 6	丿 ㄅ 瓦 产 产 危

砂	*suna* (54-14), SA: sabbia 砂漠 SABAKU: il deserto
112-4 9	一 厂 ナ 石 石 石 砂 砂 砂

54

背

se (54-16), HAI: schiena, parte posteriore

背景 HAIKEI: fondale, sfondo

130-5　　9　　一 十 亠 ナ 北 북 背 背

55

去

KO, KYO (55-3): lasciare, essere passato

去年 KYONEN (55-3): l'anno scorso

28-3　　5　　一 十 土 去 去

換

ka(eru) (55-9): cambiare, sostituire

乗り換える *norikaeru* (55-9): cambiare mezzo di trasporto

64-9　　12　　一 十 扌 扩 扩 护 拘 捣 换 換

船

fune (55-10), *funa* (6-4), SEN: nave

汽船 KISEN: battello a vapore, piroscafo

137-5　　11　　ノ 丿 力 力 舟 舟 舟 舟 舩 船 船

屈

KUTSU (55-13): piegarsi, cedere

退屈 TAIKUTSU (55-13): noia, monotonia

44-5　　8　　一 コ 尸 尺 屈 屈 屈 屈

歴	REKI (57-titolo): tempo che passa 歴史 REKISHI (57-titolo): la storia	
77-10　　14	一 厂 厂 厂 厤 厤 厤 歴 歴	
史	SHI (57-titolo): cronache, storia 科学史 KAGAKUSHI (87-esercizio 1.4): storia delle scienze	
30-2　　5	丶 口 口 史 史	
奈	(A) 奈良 *nara* (57-1): Nara (città)	
37-5 *　　8	一 ナ 大 太 夳 夳 奈 奈	
良	*i(i)*, *yo(i)*, RYŌ: essere buono 良心 RYŌSHIN: coscienza, scrupolo (A) 奈良 *nara* (57-1): Nara	
138-1　　7	丶 ㇇ ㄹ ㅋ 㠯 㠯 良	
回	*mawa(ru)*: girare, svoltare; *mawa(ri)* (57-3), KAI (58-13): giro, volta 今回 KONKAI (58-13): questa volta	
31-3　　6	丨 冂 冋 冋 回 回	

畑	*hatake* (57-4): campo, terreno	
102-4 9	丶 丷 ㇇ 火 灯 炉 炉 畑	
寺	*tera* (57-4), JI (57-5): tempio buddista 東大寺 TŌDAIJI (57-5): (il nome del tempio) Tōdaiji	
41-3 6	一 十 土 土 寺 寺	
法	HŌ (57-5), -PŌ (88-8): regola, principio; metodo, mezzo 法律 HŌRITSU: diritto, legge 文法 BUNPŌ: grammatica	
85-5 8	丶 冫 氵 沪 汁 泮 法 法	
隆	RYŪ (57-5): prospero 興隆 KŌRYŪ: sviluppo, progresso	
170-8 11	乛 ㇌ 阝 阝' 阝ク 阼 阼 陊 陊 降 隆	
薬	*kusuri* (81-5), YAKU (57-5): medicina, farmaco 薬品 YAKUHIN (81-8): medicinale, farmaco	
140-3 16	一 艹 艹 苎 苩 渚 蓪 薄 薬	

師	SHI (57-5): maestro, professore
50-7　　10	′ 亻 斤 斤 白 自 自 師 師 師
唐	kara-, TŌ (57-5): la Cina dei Tang, la Cina, che viene dalla Cina 唐画 TŌGA: pittura in stile cinese
30-7　　10	` 亠 广 庐 庐 庐 庐 唐 唐
招	mane(ku), SHŌ (57-5): invitare, chiamare 招待 SHŌTAI: invito
64-5　　8	一 十 扌 扩 扚 招 招 招
転	koro(bu) (71-esercizio 1. 3), TEN (57-7): rotolare, cadere; rovesciare 自転車 JITENSHA (57-7): bicicletta
159-4　　11	一 厂 百 亘 車 車 転 転 転
泊	to(maru) (57-9), HAKU, -PAKU (86-12): fermarsi a dormire, passare la notte, pernottare 一泊 IPPAKU (86-12): (sosta di) una notte 二泊 NIHAKU: (sosta di) tre notti
85-5　　8	` ` 氵 氵 汀 泊 泊 泊

選	*era(bu)* (65-titolo), SEN (58-titolo): scegliere 選び方 *erabikata* (65-18): modo di scegliere 選手 SENSHU: atleta
162-12　15	ｺ ｺ 己 己 己 㔾 巽 巽 巽 選
挙	KYO (58-titolo): progetto, comportamento, azione 選挙 SENKYO (58-titolo): elezioni
64-6　10	｀ ｀ ｀ ﾂ ﾂﾂ ⺍ ⺍ 兴 举 誉 挙
旗	*hata* (58-3): bandiera
70-10　14	亠 方 方 方 斻 斻 旂 旂 旗 旗
繰	*ku(ru)* (58-6): avvolgere, girare le pagine 繰り返す *kurikaesu* (58-6): ripetere, dire di nuovo
120-13　19	⟨ 幺 幺 糸 糸' 紹 綢 綢 繰
返	*kae(su)* (58-6), HEN (61-titolo): restituire, rendere 返事 HENJI (61-titolo): risposta
162-4　7	一 厂 反 反 返 返 返

運	**UN (58-7)**: destino, caso; trasporto 運命 UNMEI: destino 運転 UNTEN (97-11): guida (di un veicolo)	
162-9 12	ノ 冖 冖 冖 冐 冒 冒 軍 軍 運	

候	**KŌ (58-8)**: stagione, tempo 候補 KŌHO (58-8): candidato, aspirante	
9-8 10	亻 亻 俨 俨 俨 俨 候 候 候	

補	*ogina(u)*, **HO (58-8)**: supplire, integrare 補助 HOJO: aiuto, assistenza	
145-7 12	` 冫 ラ 衤 衤 衤 衤 衤 補 補	

障	**SHŌ (59-titolo)**: interferire, sciupare 故障 KOSHŌ (59-titolo): guasto	
170-11 14	ノ ア 阝 阝 阝 阝 陪 障 障 障	

竹	*take* (59-2): bambù 竹林 *takebayashi*: bosco di bambù	
118-0 6	ノ 亻 亇 亇 竹 竹	

洗	ara(u), SEN (59-2): lavare 洗濯 SENTAKU (62-10): il bucato
85-6 9	丶 丷 氵 氵 氵 汫 泮 泮 洗
濯	TAKU (59-2): sciacquare, risciacquare 洗濯機 SENTAKUKI (59-2): lavatrice
85-14 17	氵 氵 氵 浬 浬 浬 浬 濯 濯
掃	SŌ (59-8): spazzare, scopare 掃除 SŌJI (74-14): le pulizie
64-8 11	一 十 扌 扩 护 护 扫 掃 掃
除	JI (59-8): escludere, togliere 掃除機 SŌJIKI (59-8): aspirapolvere
170-7 10	丨 彐 阝 阝 阼 阼 除 除 除
蔵	ZŌ (59-11): deposito 冷蔵庫 REIZŌKO (59-11): frigorifero
140-12 15	艹 艹 艹 芹 芹 茊 蒚 蔵 蔵 蔵

奥	*oku* (59-12): l'interno, il fondo 奥さん *okusan* (59-12): moglie, signora (appellativo)	
37-9 12	′ 丨 冂 冋 冋 甪 阑 奥 奥 奥	
抜	*nu(ku)*: estrarre, *nu(keru)* (59-12): saltare via, mancare	
64-4 7	ー 十 扌 扌 扩 抜 抜	
具	GU (59-14): utensile, strumento 器具 KIGU (59-14): apparecchio, strumento	
12-6 8	丨 冂 目 且 具 具	
解	KAI (59-14): spiegazione, comprensione 解決 KAIKETSU: soluzione	
148-6 13	′ ″ 角 角 角 角 甪 甪 解 解	
困	*koma(ru)* (59-15): essere in difficoltà, essere in imbarazzo	
31-4 7	丨 冂 冂 冃 闲 困 困	

是	ZE (59-esercizio 1.3): diritto, giustizia 是非 ZEHI (59-esercizio 1.3): assolutamente, a ogni costo	
72-5	9	丨 冂 日 旦 早 早 昰 是

60

幹	*miki*, KAN (60-titolo): tronco 新幹線 SHINKANSEN (60-titolo): Shinkansen (Alta Velocità Giapponese)	
51-10	13	十 市 吉 卓 卓 卓 卓 卓 幹
州	SHŪ (60-1): provincia, regione 九州 KYŪSHŪ (60-1): Kyūshū (isola del Giappone)	
47-3	6	丶 丿 少 州 州 州
孫	*mago* (60-1), SON: nipote (di nonni) 子孫 SHISON: discendenti, posteri	
39-7	10	乛 了 子 孑 孖 孫 孫 孫 孫
比	*kura(beru)* (60-5), HI: confrontare 比較 HIKAKU: confronto	
81-0	4	一 上 比 比

		60
窓	*mado* (60-8): finestra 窓口 *madoguchi*: sportello	
116-6 11	丶 丷 宀 宀 宊 宊 宊 窓 窓	
念	**NEN** (60-8): pensiero, idea 残念 **ZANNEN** (60-8): spiacevole, increscioso	
61-4 8	ノ 入 ハ 今 今 念 念	
房	**BŌ** (60-9): stanza, casa 冷房 **REIBŌ** (60-9): climatizzatore	
63-4 8	一 ュ ョ 戸 戸 戸 房 房	
確	*tashi(ka)* (60-10), **KAKU** (61-12): sicuro, certo 確実 **KAKUJITSU**: certo, sicuro, attendibile	
112-10 15	一 丆 石 矿 矿 矿 矿 碎 碎 確	
蒸	*mu(su)* (60-11): cuocere a vapore 蒸し暑い *mushiatsui* (60-11): essere caldo e umido	
140-10 13	一 艹 艹 艼 芽 茅 茅 茶 蒸 蒸 蒸	

涼	*suzushi(i)* (60-12): essere fresco (tempo)	
85-8　　11	、氵氵氵氵汗汗沪沪涼涼	
寒	*samu(i)* (60-12): essere freddo (tempo)	
40-9　　12	、宀宀宀宀宙寒寒寒	
椅	I (60-13): sedia 椅子 ISU (60-13): sedia	
75-8*　　12	一十木木木杧杧椅椅	
浜	*hama* (60-13): spiaggia 横浜 *yokohama* (60-13): Yokohama	
85-7　　10	、氵氵氵汁汁泙泙浜	
阪	*saka* (60-15): pendio 大阪 *oosaka* (60-15): Osaka	
170-4*　　7	了阝阝阝阪阪	

受	u(keru) (61-1), JU: ricevere 受け取る uketoru (61-1): ricevere, ottenere, prendere 感受性 KANJUSEI (89-10): sensibilità
29-6 8	一 ⺀ ⺕ ⺌ ⺍ 严 受 受
封	FŪ (61-5): sigillo; HŌ: feudo 封建 HŌKEN: feudale 封建時代 HŌKENJIDAI: epoca feudale
41-6 9	一 十 土 圭 丰 圭 封 封
筒	TŌ (61-5): tubo 封筒 FŪTŌ (61-5): busta (per una lettera)
118-6 12	ノ ⺀ ⺀ 竹 竹 竹 筒 筒
北	kita (61-7), HOKU, HOK- (97-9): nord 北部 HOKUBU: parte nord 北海道 HOKKAIDŌ (97-9): Hokkaido (isola del Giappone)
21-3 5	一 十 北 北
銭	SEN (62-titolo): sen (centesimo di yen) 銭湯 SENTŌ (62-titolo): bagno pubblico
167-6 14	ノ 人 午 牟 金 釒 銭 銭 銭

湯	yu (62-4), TŌ (62-titolo): acqua calda
85-9 12	丶 丷 氵 沪 沪 沪 湯 湯 湯

宿	SHUKU (62-1), JUKU (65-2): luogo di cambio dei cavalli 民宿 MINSHUKU (75-15): pensione presso un privato - 新宿 SHINJUKU (65-2): Shinjuku (quartiere di Tokyo)
40-8 11	丶 丷 宀 宀 宀 宀 宀 宿 宿

呂	RO (62-1): colonna vertebrale (A) 風呂場 furoba (66-13): stanza da bagno
30-4 * 7	丨 冂 口 冖 冖 呂 呂

派	HA, -PA (62-4): gruppo, fazione 派生 HASEI: derivazione, origine 立派 RIPPA (62-4): eccezionale, magnifico
85-6 9	丶 丷 氵 氵 沪 沂 派 派 派

槽	SŌ: tinozza, vasca *湯槽 yubune (62-4): vasca da bagno
75-11 15	一 十 十 木 木 杧 柿 槽 槽 槽

深		*fuka(i)* (62-4): essere profondo; *fuka(mi)* (96-14): profondità
85-8	11	`丶 冫 氵 氵 氵 氵 浐 浐 淙 深 深`
満		MAN (62-5): pienezza 満員 MAN-IN (62-5): pieno, completo, riempito
85-9	12	`氵 氵 氵 汁 汁 満 満 満 満`
浸		*tsuka(ru)* (62-7): immergersi
85-7	10	`氵 氵 氵 氵 氵 浐 浸 浸`
設		*mō(keru)*, SETSU (62-8): stabilire, fondare, organizzare 設立 SETSURITSU (89-12): fondazione (istituire), creazione 建設 KENSETSU: costruzione
149-4	11	`亠 訁 訁 言 言 訁 訊 設 設`
備		BI (62-8): essere equipaggiato, essere fornito di 設備 SETSUBI (62-8): equipaggiamento, attrezzatura
9-10	12	`亻 亻 仁 件 併 佶 佶 倄 備 備`

62

玄	GEN (62-10): mistero 玄関 GENKAN (62-10): ingresso, entrata (di una casa)
95-0 5	｀ 亠 ナ 玄 玄
裸	*hadaka* (62-11): nudo
145-8 13	｀ ラ オ ネ ネ 衤 ネ⁷ 裎 裎 裸

64

雑	ZATSU, ZAK-, ZAS- (64-titolo), ZAP-: diverso, mescolato 雑音 ZATSUON: rumori molesti 雑貨 ZAKKA: articoli vari 雑費 ZAPPI: spese varie
172-6 14	ノ 九 卆 朵 剎 剎 杂 䊹 雑
誌	SHI (64-titolo): documenti 雑誌 ZASSHI (64-titolo): rivista
149-7 14	｀ 三 言 言 計 訂 試 誌
勉	BEN (64-1): lavorare, esercitarsi 勉強 BENKYŌ (64-1): studio
19-8 10	ク 乃 乃 乃 岛 免 免 免 勉

個	KO (64-4): individuale 個人 KOJIN (64-4): individuale
9-8 10	亻 亻 individuale 们 佣 佣 佣 個 個 個
読	*yo(mu)* (64-5): leggere 読み方 *yomikata*: modo di leggere, lettura (pronuncia)
149-7 14	丶 亠 言 言 計 計 詰 詰 読 読
記	KI (64-8): storia, racconto, ricordo 記念 KINEN (89-19): commemorazione
149-3 10	丶 亠 亠 言 言 言 訂 訂 記
農	NŌ (64-11): agricoltura 農場 NŌJŌ (97-9): azienda agricola 農家 NŌKA: fattoria, famiglia di contadini
161-6 13	丶 冂 曲 曲 曲 芦 芦 芦 農 農 農
面	*omote*, MEN (64-11): esterno, facciata, superficie 面白い *omoshiroi* (82-7): essere interessante 方面 HŌMEN (64-11): direzione
176-0 9	一 丆 丆 而 而 面 面

構	KŌ (65-5): stabilire, installare 構造 KŌZŌ: struttura
75-10 14	木 朩 朳 槠 槠 構 構 構

型	kata, -gata (65-7): tipo, modello, formato 小型 kogata (65-7): di piccolo formato
32-6 9	一 二 テ 开 刑 刑 型 型 型

御	GO (65-8): "prefisso di grado superiore" 御案内 GO ANNAI (94-6): guida (fare da guida a un personaggio illustre)
60-9 11	彳 彳 彳 彳 彳 徉 徉 御 御

覧	RAN (65-8): vedere 御覧下さい GORAN kudasai (65-8): La prego di guardare (grado superiore)
147-10 17	丨 厂 厂 尸 尸 尸 臣 臣 臤 瞥 覧

値	ne (65-9): prezzo, valore 値段 neDAN (65-9): il prezzo
9-8 10	丿 亻 亻 什 什 佑 佑 値 値

軽	*karu(i)* (65-17): essere leggero	
159-5　12	一 ｢ 冇 曰 亘 車 軒 転 軽 軽	
石	*ishi* (66-1), SEKI: pietra, sasso 石油 SEKIYU: petrolio	
112-0　5	一 ｢ 不 石 石	
井	*i* (66-1): pozzo 井戸 *ido*: pozzo	
7-2　4	一 二 井 井	
震	*furu(eru)*, SHIN (66-3): tremare 地震 JISHIN (66-3): terremoto	
173-7　15	一 ｢ 中 雨 雪 霄 霏 霊 霊 震	
純	JUN (66-4): purezza 純日本風 JUNNIHONFŪ (66-4): (in) puro stile giapponese	
120-4　10	ㄑ 幺 幺 糸 糸 紅 紅 紈 純	

盆	BON (66-7): vassoio, Festa di commemorazione degli antenati 盆景 BONKEI: giardino in miniatura
108-4 9	ノ 八 今 分 分 尒 盆 盆
栽	SAI (66-7): piantare 盆栽 BONSAI (66-7): bonsai, albero nano
75-6 10	一 十 土 圡 声 圭 未 栽 栽 栽
数	*kazu*, SŪ (66-10): cifra, numero 数学 SŪGAKU: matematica
66-9 13	゛ 半 米 米 娄 娄 娄 娄 数 数
応	Ō (66-11): sottoscrivere, concordare, corrispondere a 応用 ŌYŌ: mettere in pratica, applicazione
61-3 7	﹅ 亠 广 广 応 応 応
接	SETSU (66-11), SET- (69-10): essere in contatto, ricevere 応接 ŌSETSU (66-11): accoglienza
64-8 11	一 十 扌 扩 护 护 扷 接 接 接

堂	DŌ (66-11): santuario; salone, grande stanza 食堂 SHOKUDŌ (66-11): sala da pranzo
32-8 11	丶 丷 ⺌ ⺌ 严 屵 屵 学 堂 堂
式	SHIKI (66-13): rito, stile, metodo 日本式 NIHONSHIKI (66-13): stile giapponese, maniera giapponese
56-3 6	一 二 テ 丅 式 式
準	JUN (66-14): corrispondere a, essere conforme a 準備 JUNBI (66-14): preparativi
85-10 13	冫 氵 氵 氵' 氵' 沪 泩 泩 淮 淮 準
娘	*musume* (66-esercizio 1.3): figlia, ragazza
38-7 10	く 夕 女 女' 妇 妇 娘 娘 娘
無	*na(kunaru)* (89-23): scomparire, MU (66-esercizio 1.3), BU (86-3): niente, negazione 無理 MURI (66-esercizio 1.3): vano, inutile 無事 BUJI: sano e salvo, senza inconvenienti
86-8 12	丿 ㇒ 仁 乍 無 無 無 無

66

詳	*kuwa(shii)* (66-esercizio 1.4), SHŌ: essere dettagliato, essere esperto
149-6　13	亠 亖 言 言 言 言ˊ 言゛ 詳 詳
載	*no(ru)* (66, esercizio 1.4): essere riportato sul giornale
159-6　13	一 十 キ 言 宣 車 車 載 載 載

67

富	FU (67-titolo): ricchezza 富国 FUKOKU: paese ricco e potente
40-9　12	丶 ⼧ 宀 宀 宫 宫 宫 宫 富 富
士	SHI (67-titolo): guerriero 富士山 FUJISAN (67-titolo): Monte Fuji
33-0　3	一 十 士
遍	HEN, -PEN (67-6): volta 普遍 FUHEN: universale 一遍 IPPEN (67-6): una volta
162-9　12	一 ㇋ ㇋ 戸 戸 肩 肩 扁 遍 遍

		67
伊	(A) 伊豆 *izu* (67-7): Izu (nome di una penisola giapponese)	
9-4 6	ノ イ イ' 伊 伊 伊	
豆	*mame*, ZU (67-7): legumi, semi di legumi	
151-0 7	一 丆 冂 匛 戸 豆 豆	
掛	*ka(keru)* (67-7): appendere, appoggiare 出掛ける *dekakeru* (67-7): uscire (per un po' di tempo)	
64-8 11	一 丨 扌 扌 扌 拌 拌 挂 挂 掛 掛	
葬	SŌ (67-10): seppellire 葬式 SŌSHIKI (67-10): funerale	
140-9 12	一 艹 艹 艹 艻 艻 艻 荠 葬 葬	
霊	REI (67-10): anima, spirito 霊園 REIEN (67-10): cimitero	
173-7 15	一 厂 戸 币 雨 雫 霏 霝 霊	

67

墓	*haka* (67-11), BO (67-11): tomba 墓地 BOCHI (67-11): cimitero
32-10 13	一 艹 艹 莒 莒 莫 䓢 墓 墓

仮	KA (80-esercizio 1.1), -GA (67-esercizio 1.1): provvisorio, temporaneo 仮定 KATEI: ipotesi, supposizione
9-4 6	ノ イ 亻 仃 仮 仮

械	KAI (67-esercizio 1.4): macchina 機械 KIKAI (67-esercizio 1.4): macchina, macchinario
75-7 11	十 木 木 朾 杤 杤 械 械 械

68

皇	KŌ (68-titolo), Ō: imperatore 皇居 KŌKYO (68-9): il Palazzo Imperiale 天皇 TENNŌ (68-6): l'Imperatore del Giappone
106-4 9	′ ′ 冂 白 白 自 皁 皁 皇

止	*to(maru)* (68-1), SHI (82-2): fermarsi, interrompersi; *to(meru)*, SHI: fermare, interrompere 中止 CHŪSHI: sospensione, interruzione
77-0 4	丨 ト 止 止

68

陛	HEI (68-6): gradini del trono 両陛下 RYŌHEIKA (68-12): le Loro Maestà
170-7 10	⁷ ³ ⻖ ⻖ˊ 阝ˉ 阝ᴸ 阰 阰 陛 陛

列	<u>RETSU</u>, RES- (68-10): riga, fila, coda 列車 RESSHA (68-10): treno
18-4 6	一 フ ㄅ 歹 列 列

后	KŌ (68-11): dopo, dietro 皇后 KŌGŌ (68-11): imperatrice
30-3 6	一 ⼚ ⼷ 斤 后 后

姿	*sugata* (68-13), SHI: forma, figura, sagoma 姿勢 SHISEI: posizione, posa, atteggiamento
38-6 9	丶 丷 ソ ⺧ 沙 次 次 姿 姿

宮	KYŪ (68-15): palazzo 宮廷 KYŪTEI: corte
40-7 10	丶 ⼍ 宀 宂 宁 宫 宫 宫 宮 宮

• 145

参	*mai(ru)* (86-12), SAN (68-15): andare (grado superiore, io)
	参加 SANKA (89-12): prendere parte, partecipare 参加者 SANKASHA: partecipante
28-6　　8	｀ ㄙ ﾆ 产 矢 矣 参 参

賀	GA (68-15): felicitazioni
	年賀 NENGA: auguri di buon anno
154-5　　12	フ カ カ 加 加 加 智 智 賀

将	SHŌ (68-17): comandante, generale; presto, subito
	将来 SHŌRAI (89-23): il futuro
41-7　　10	｜ ｜ ｜ 丬 丬 丬 丬 丬 将 将

軍	GUN (68-17): esercito, truppe
	将軍 SHŌGUN (68-17): Shogun (generale supremo delle truppe)
159-2　　9	｀ 冖 冖 冖 冖 冒 冒 軍

城	*shiro* (68-17), JŌ: castello, fortezza
	城下町 JŌKA*machi*: città che si è sviluppata intorno a un castello
32-6　　9	一 十 土 圠 圹 圻 城 城 城

甥	*oi* (69-1): nipote (di zii) 甥御さん *oiGOsan* (69-3): Suo nipote
100-7*　12	ノ ヒ 十 生 甠 甠 甥 甥 甥
済	SAI, -ZAI (69-1): finire; evitare 経済 KEIZAI (69-1): economia, finanza
85-8　11	冫 冫 冫 冸 泲 洴 済 済 済
性	SEI (69-11): genere, natura, sesso 性格 SEIKAKU: carattere, temperamento 社交性 SHAKŌSEI (69-11): carattere socievole
61-5　8	' ハ 忄 忄 忄 忹 性 性
想	SŌ (69-11): idea, concezione 理想 RISŌ (69-11): ideale
61-9　13	一 十 才 木 机 相 相 相 想 想
条	JŌ (69-12): clausola, condizione 条約 JŌYAKU: trattato, accordo, convenzione
75-3　7	ノ ク タ 夂 冬 条 条

69

件	KEN (69-12): soggetto, caso
	条件 JŌKEN (69-12): condizioni
9-4 6	ノ イ イ 仁 仁 件 件

連	tsura(naru), REN (69-17): mettersi in fila, prendere parte; tsu(reru) (82-8): accompagnare
	国際連合 KOKUSAIRENGŌ (89-esercizio 1.4): ONU
162-7 10	一 ブ 戸 旨 百 車 車 連 連

絡	RAKU (69-17): attorcigliarsi, appiccicarsi a
	連絡 RENRAKU (69-17): collegamento, comunicazione, contatto
120-6 12	ㄣ 幺 糸 糸 糸 紗 終 絡 絡

億	<u>OKU</u> (69-esercizio 1.5): 1.0000.0000 (cento milioni)
	九億円 KYŪOKUEN (69-esercizio 1.5): 9.0000.0000 (novecento milioni) di yen
9-13 15	ノ イ 亻 亻 俨 倍 倍 倍 億 億

71

振	fu(ru) (71-14): scuotere, agitare
64-7 10	一 十 扌 扌 扩 扩 护 振 振 振

148 •

袖	*sode* (71-14): manica 振り袖 *furisode* (71-14): kimono da cerimonia con maniche lunghe
145-5* 10	`ラ ネ ネ ネ 初 初 袖 袖`
我	GA (71-16): se stesso 我慢 GAMAN (71-16): pazienza, sopportazione
62-3 7	`' 一 千 手 我 我 我`
慢	MAN (71-16): prendersi gioco di; pigrizia, oziare 自慢 JIMAN (72-4): vanto, orgoglio
61-11 14	`' ' 忄 忄 忄 忄 慢 慢`
沢	*sawa*, -*zawa* (72-4): palude
85-4 7	`` ` ` シ シ 沪 沪 沢 ``
君	*kimi* (75-3): tu (grado inferiore); -KUN (72-4): "suffisso usato dopo un nome maschile" (grado inferiore)
30-4 7	`フ ヲ ヨ 尹 尹 君 君`

72	雪	*yuki* (72-5): neve 雪景色 *yuki*GESHIKI (72-5): paesaggio innevato
	173-3 11	一 丆 戸 干 乕 雪 雪 雪 雪
	景	KEI (85-11), KE (75-1), -GE (72-5): vista, scena 風景 FŪKEI (85-11): panorama, vista
	72-8 12	丶 冂 日 旦 早 昌 昌 景 景
73	支	SHI (73-4): ramo, supporto 支度 SHITAKU (73-4): preparativi
	65-0 4	一 十 ナ 支
	疲	*tsuka(reru)* (75-1): essere stanco; *tsuka(re)* (73-4): stanchezza
	104-5 10	丶 亠 广 疒 疒 疒 疒 疲 疲
	沸	*wa(ku)*: bollire; *wa(kasu)* (73-8): fare bollire
	85-5 8	丶 冫 氵 汀 沪 沪 沸 沸

睡	SUI (73-10): dormire 睡眠 SUIMIN (73-10): sonno
109-8　　13	丨　冂　目　目˙　肝　睁　睁　睡　睡
体	*karada* (73-10), TAI (89-10): corpo 大体 DAITAI: a grandi linee, linee essenziali 文体 BUNTAI (89-10): stile letterario
9-5　　7	ノ　イ　亻　什　伓　休　体
噂	*uwasa* (73-17): voce, diceria, pettegolezzo
30-12*　　15	口　口⺍　呚　唙　唒　嗞　噂　噂
嬉	*ureshi(i)* (74-1): essere contento
38-17　　20	乚　女　女　女˛　女㐄　姞　婼　嫴　嬉
鳴	*na(ku)*: emettere il proprio verso (animale o insetto); *na(rasu)* (74-1): fare risuonare, suonare
196-3　　14	丶　口　口˙　叮　叭　呾　咀　鳴　鳴　鳴

伝	tsuta(eru), DEN: trasmettere, comunicare *手伝う tetsudau (74-5): aiutare 伝記 DENKI: biografia	
9-4 6	ノ イ 伝 伝 伝 伝	
皿	sara (74-7): piatto, portata	
108-0 5	丨 冂 皿 皿 皿	
整	totono(u) (74-8), SEI: essere in ordine; totono(eru), SEI: mettere in ordine 整理 SEIRI: ordinamento, riordinamento	
66-12 16	一 口 申 束 敕 敕 敕 敕 整 整	
望	nozo(mu) (74-10): volere, aspirare 望遠鏡 BŌENKYŌ: telescopio	
130-7 11	` 亠 亡 刉 刎 朔 朢 朢 朢 望	
玉	tama, -dama (74-17): palla, sfera; gioiello; moneta 年お年玉 otoshidama (74-17): regalo di Capodanno, strenna	
96-0 5	一 丁 干 王 玉	

苦	*kuru(shii)*, KU (74-20): essere penoso, essere difficile 苦労 KURŌ (74-20): pena, dolore, sforzo
140-5 8	一 十 卄 丱 艹 苎 苦 苦

労	RŌ (74-20): lavoro, fatica 労働 RŌDŌ: lavoro 労働者 RŌDŌSHA: lavoratore
19-5 7	丶 丶 ⺍ 𭕄 ⺍ 学 労

様	*sama* (74-20): "suffisso che si usa dopo un nome di persona" (grado superiore), "suffisso che si usa in espressioni particolari"; YŌ: modo 様子 YŌSU: situazione, circostanze
75-10 14	一 十 十 木 木゛ 栏 栏 样 様 様

澄	*su(mu)* (75-2): essere limpido, essere trasparente
85-12 15	氵 汀 汀 汃 泌 泌 澄 澄 澄

飯	*meshi* (75-3), HAN (82-esercizio 1.4): riso cotto; pasto 晩飯 BAN*meshi* (75-3): cena 晩御飯 BANGOHAN (82-esercizio 1.4): cena
184-4 12	丿 ハ 个 今 今 食 食 食 飣 飣 飯 飯

枕	*makura* (75-4): cuscino
75-4* 8	一 十 扌 木 朩 朾 朼 枕
嫌	*kira(u)* (75-8), KEN, GEN (87-12): odiare; *kirai* (81-6), *iya* (93-9): detestare 機嫌 KIGEN (87-12): disposizione, umore
38-10 13	く 夕 女 女゛女゛女゙ 娕 娕 嫌 嫌
南	*minami* (75-9), NAN: sud 南部 NANBU: parte meridionale
24-7 9	一 十 冂 内 内 㐂 南 南
斜	SHA (75-10): obliquo 斜面 SHAMEN (75-10): pendio
68-7 11	ノ 八 仝 牟 夅 余 余 斜 斜
途	TO (75-15): sentiero, strada, cammino 途中 TOCHŪ (75-15): lungo il percorso
162-7 10	ノ 八 合 仐 余 余 涂 途 途

隙	*suki* (76-2): tempo, spazio 隙間 *sukima* (76-2): fessura
170-10* 13	⁷ ⁷ ⁷ ⁷ ⁷ ⁷ ⁷ ⁷ ⁷ ⁷ 阝 阝丶 阝ハ 阝ハ 階 階 隙 隙

湖	*mizuumi*, KO (76-5): lago 山中湖 *yamanaka*KO (76-5): il Lago Yamanaka
85-9 12	氵 氵 汁 汁 汁 汁 汁 湖 湖 湖

荘	SŌ (76-5): villa, palazzo 別荘 BESSŌ (76-5): villa
140-6 9	一 艹 艹 艹 艹 荘 荘 荘

避	*sa(keru)*, HI (76-6): evitare, tenersi lontano da 避暑 HISHO (76-6): fuga dalla calura estiva
162-13 16	⁷ 尸 居 居 居 启辛 启辛 辟 辟 避

稿	KŌ (76-6): manoscritto 原稿 GENKŌ (76-6): manoscritto, testo
115-10 15	⼂ ⼆ 千 禾 秆 秆 秆 稿 稿

鰐	*wani* (76-7): coccodrillo
195-9　　20	ノ ク ク 尔 缶 缶 魚 魚 魚 魚 鰐 鰐
指	*yubi* (76-7), SHI: dito 指導 SHIDŌ: direzione, guida, comando
64-6　　9	一 十 扌 扩 打 扩 指 指 指
輪	*wa* (76-7): cerchio 指輪 *yubiwa* (76-7): anello
159-8　　15	一 亘 亘 車 車 軩 軩 軩 輪 輪
界	KAI (76-10): cerchio, mondo 世界 SEKAI (76-10): il mondo, la Terra
102-4　　9	丨 冂 罒 田 界 界 界 界
周	SHŪ (76-10): circuito, circonferenza, giro 一周 ISSHŪ (76-10): un giro (percorso)
30-5　　8	ノ 几 月 円 用 周 周 周

踊	*odo(ru)* (76-14): ballare	**76**
157-7 14	口 ¥ ¥ ¥ 足 𧿹 𧿹 踊 踊 踊	
辞	JI (78-8): parola, espressione 辞儀 JIGI (78-8): inchino	**78**
160-6 13	ノ 二 千 舌 舌 舌 舌 舌 辞	
儀	GI (78-8): regola, cerimonia 礼儀 REIGI: cortesia, buone maniere	
9-13 15	亻 亻 伴 伴 伴 伴 儀 儀 儀	
政	SEI (78-9): governo 政治 SEIJI (88-5): politica	
66-4 9	一 丁 下 下 正 正 正 政 政	
府	FU (78-9): ufficio amministrativo 政府 SEIFU (78-9): il governo	
53-5 8	丶 亠 广 广 广 庁 府 府	

78

科	KA (78-9): dipartimento, reparto, famiglia 科学 KAGAKU (78-9): scienze 理科 RIKA (94-12): scienze naturali
115-4 9	一 二 千 千 禾 禾 禾 科 科

研	KEN (78-9): affilare, aguzzare (l'ingegno) 研究 KENKYŪ (78-9): ricerca
112-4 9	一 ア 丆 石 石 石 矸 研 研

究	KYŪ (78-9): estremo, il rango più alto 研究所 KENKYŪJO: istituto di ricerca
116-2 7	' 宀 宀 宂 宄 究 究

頃	*koro* (78-13), *-goro* (83-1): quando (si era...) あの頃 *anokoro* (78-13): quei momenti この頃 *konogoro* (83-1): in questo momento, attualmente
181-2* 11	一 匕 匕 匕 匕 圷 頃 頃 頃 頃

79

迷	*mayo(u)*, MEI (79-5), MAI (97-1): perdersi, essere in dubbio 迷路 MEIRO (79-5): labirinto 迷子 MAIGO (97-1): bambino che si è perso
162-6 9	' ヽ 丷 半 米 米 米 迷 迷

勢	**SEI, ZEI** (79-7): energia, forza, vigore 勢力 **SEIRYOKU**: potere, influenza, autorità 大勢 **ooZEI** (79-7): un gran numero (di persone)
19-11 13	一 十 土 夫 幸 幸) 刲九 埶 勢 勢

改	*arata(meru)*, **KAI** (79-8): rettificare, migliorare, cambiare 改札口 **KAISATSU***guchi* (79-8): ingresso per la convalida dei biglietti (in stazione o metro)
66-3 7	ㄱ ㄋ 己 己ㄥ 改 改 改

札	<u>**SATSU**</u> (79-8): "classificatore per contare le banconote", banconota お札 *o***SATSU** (88-2): banconota
75-1 5	一 十 才 木 札

示	*shime(su)*, **SHI, JI** (79-14): indicare, mostrare 表示 **HYŌJI** (79-14): indicazione, visualizzazione
113-0 5	一 二 亍 示 示

板	*ita*, **HAN, -BAN** (79-14): pannello 表示板 **HYŌJIBAN** (79-14): pannello informativo, tabellone
75-4 8	一 十 才 木 朽 朽 板 板

79

盲

	mekura, MŌ (79-17): cecità 色盲 SHIKIMŌ (79-17): daltonismo
109-3 8	、 亠 亡 亡 盲 盲 盲

計

	haka(ru), KEI (79-esercizio 1.1): misurare 時計 *to*KEI (79-esercizio 1.1): orologio
149-2 9	、 亠 ㇌ 言 言 言 計 計

80

片

	kata (80-1): uno (di un paio) 片足 *kata-ashi*: su un piede solo
91-0 4	丿 丿' 片 片

蒲

	FU (80-3): betulla 蒲団 FUTON (80-3): futon
140-10* 13	一 艹 艹 艹 艹 蒲 蒲 蒲

団

	TON (80-3), DAN (90-16): gruppo, corpo 団子 DANGO (90-16): dango (palline di farina di riso) 団体 DANTAI: associazione, gruppo
31-3 6	丨 冂 冂 団 団 団

机	*tsukue* (80-5): tavolo
75-2 6	一 十 オ 木 机 机
菜	SAI (80-7): verdura, ortaggio 野菜 YASAI (80-7): verdura
140-8 11	一 艹 艹 艹 艹 艹 苙 苙 苹 菜
糖	TŌ (80-7): zucchero 砂糖 SATŌ (80-7): zucchero in polvere
119-10 16	丷 半 米 籵 籵 粁 粐 粐 糖 糖
余	YO (80-10): altro, surplus 余計 YOKEI: eccessivo, troppo, superfluo
9-5 7	丿 八 ハ 仒 仐 余 余
裕	YŪ (80-10): abbondante, ricco, fertile 余裕 YOYŪ (80-10): disponibilità (di tempo o di spazio)
145-7 12	丶 フ オ 礻 礻 衤 衸 衸 裕

邪	JA (83-14): ingiustizia, male *風邪 kaze (81-titolo): raffreddore
163-5 8	一 厂 匚 牙 牙 邪 邪
熱	atsu(i) (93-esercizio 1.1), -NETSU, NES-: essere caldo (al tatto); <u>NETSU</u> (81-3): febbre 熱心 NESSHIN: entusiasmo, passione
86-11 15	一 十 土 尹 夫 查 坴 剳 熟 熱 熱
化	KA (81-8): trasformare, convertire 化学 KAGAKU (81-8): chimica
21-2 4	ノ イ イ 化
抗	KŌ (81-8): resistere, opporsi 抗生 KŌSEI (81-8): antibiotico
64-4 7	一 十 扌 扌 扩 扩 抗
鍼	hari (81-9): ago per l'agopuntura
167-9* 17	𠆢 亼 午 金 金 釒 釒 鍼 鍼 鍼 鍼

圧	ATSU (81-9): pressione 気圧 KI-ATSU: pressione atmosferica	
32-2 5	一 厂 厂 圧 圧	
漢	KAN (81-9): la Cina degli Han, Cina, cinese 漢字 KANJI: scrittura cinese, carattere cinese	
85-10 13	丶 氵 氵 汁 浐 漢 漢 漢 漢	
暖	atata(kai) (81-10), DAN: essere caldo temperato; essere espansivo 暖房 DANBŌ: riscaldamento	
72-9 13	冂 日 日′ 日″ 日″″ 暉 暉 暖 暖	
徒	TO (82-1): gruppo 生徒 SEITO (82-1): allievo (di una scuola)	
60-7 10	ノ 彳 彳 彳 彳 彳 彳 徒 徒 徒	
恰	*恰好 KAKKŌ (82-9): aspetto, apparenza	
61-6* 9	′ ″ 忄 忄 忄 忄 恰 恰 恰	

浅	*asa(i)*: essere poco profondo 浅草 *asakusa* (82-11): Asakusa	
85-6 9	丶 丶 氵 泸 浅 浅 浅	
草	*kusa* (82-11), SŌ (83-2): erba 雑草 ZASSŌ: erbaccia	
140-6 9	一 艹 艹 艻 芑 苩 荁 草	
偽	*nise* (82-15), GI: imitazione, menzogna, falso 偽証 GISHŌ: falsa testimonianza	
9-9 11	ノ 亻 亻 伙 伪 伪 偽 偽	
宝	*takara*, HŌ (82-15): tesoro, oggetto prezioso 宝石 HŌSEKI (82-15): pietra preziosa	
40-5 8	丶 宀 宀 宀 宇 宇 宝 宝	
宅	TAKU (82-17): casa, residenza お宅 *o*TAKU (82-17): la Sua casa (grado superiore)	
40-3 6	丶 宀 宀 宀 宅 宅	

若	waka(i) (83-1): essere giovane
140-5 8	一 十 艹 艹 艻 芕 若 若
懸	KEN (83-2): appendere 一生懸命 ISSHŌKENMEI (83-2): con tutte le proprie forze
61-16 20	目 旦 県 県 県 県 縣 縣 懸 懸
源	minamoto, GEN (83-2): fonte, origine 源氏物語 GENJImonogatari (83-2): La storia di Genji
85-10 13	丶 氵 氵 沪 沪 沪 涓 源 源 源
氏	SHI (83-2): clan, famiglia; signori 氏族 SHIZOKU: clan, nucleo familiare
83-0 4	ノ 亻 丘 氏
典	TEN (83-2): codice, regola 辞典 JITEN: dizionario, vocabolario
12-6 8	丨 口 巾 曲 曲 曲 典 典

83

漫	MAN (83-3): irragionevole, involontario 漫画 MANGA (83-3): manga, fumetto, caricatura
85-11 14	氵 氵' 沪 沪 浭 浭 漫 漫 漫

図	TO (83-5), ZU: pianta, figura, schema 図書館 TOSHOKAN (83-5): biblioteca 図案 ZUAN: disegno
31-4 7	丨 冂 冂 冋 冈 図 図

清	kiyo(i), SEI (83-7): essere chiaro, essere puro, essere limpido 清掃 SEISŌ: pulizia
85-8 11	氵 氵 氵 汁 浐 浐 清 清 清

納	NŌ, NA (83-7): portare a termine, assolvere (delle formalità) 納付 NŌFU: pagamento, versamento 納得 NATTOKU: assenso, consenso
120-4 10	〈 乡 幺 纟 糹 糸 糾 紂 納 納

暗	kura(i), AN (83-7): essere scuro 暗記 ANKI (83-7): imparare a memoria
72-9 13	丨 冂 日 日 日' 日亠 日立 日产 暗 暗

紫	*murasaki* (83-8): porpora, violetto	83
120-6 12	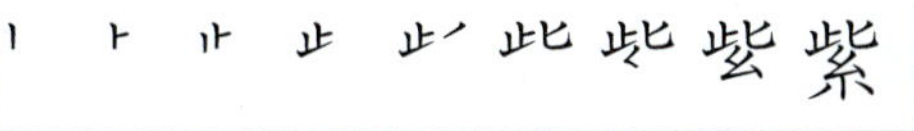	
流	*naga(reru)*, RYŪ (83-8): scorrere (fiume) 女流作家 JORYŪSAKKA (83-8): scrittrice 流行 RYŪKŌ: moda	
85-7 10	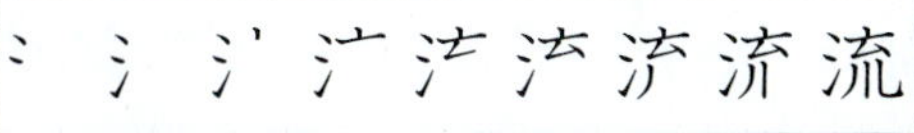	
廷	TEI (83-10): corte imperiale 朝廷 CHŌTEI (83-10): la Corte imperiale	
54-4 7	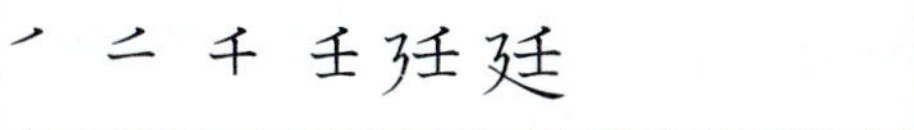	
魔	MA (83-14): spirito malvagio, demone 邪魔 JAMA (83-14): impedimento, ostacolo, disturbo	
194-11 21		
閣	KAKU (85-titolo): torre (edificio); gabinetto (nel governo) 内閣 NAIKAKU: gabinetto, governo	85
169-6 14	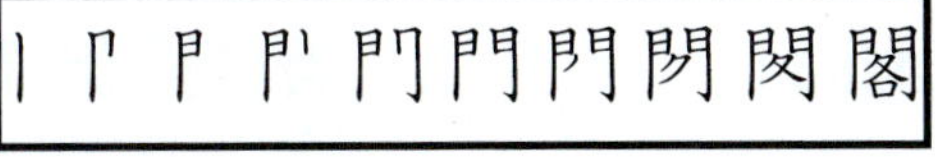	

85

池	*ike* (85-2): stagno, laghetto
85-3 6	丶 亠 氵 氵 沁 池

完	KAN (85-6): totalità, completezza 完全 KANZEN: completo, perfetto
40-4 7	丶 丷 宀 宀 宁 宁 完

璧	HEKI, -PEKI (85-6): gioiello 完璧 KANPEKI (85-6): impeccabile, perfetto, senza nessun difetto
96-13* 18	𠃍 尸 尸 启 启 辟 辟 辟 壁 璧

求	*moto(meru)* (85-6), KYŪ: domandare; ricercare 求職 KYŪSHOKU: ricerca di lavoro
85-2 7	一 十 寸 求 求 求 求

耐	*ta(eru)* (85-6): resistere, sopportare
126-3 9	一 丆 厂 丆 而 而 而 耐 耐

燃	*mo(eru)* (85-8), NEN: bruciare 燃料 NENRYŌ: combustibile, carburante
86-12 16	丶 火 火 灯 灯 炊 燃 燃 燃

嘘	*uso* (85-8): bugia, menzogna
30-12* 15	口 口 口 吖 吽 咿 嘘 嘘 嘘 嘘

紀	KI (85-10): annali, storia, registrazione 紀元前 KIGENZEN: avanti Cristo 紀元後 KIGENGO: dopo Cristo
120-3 9	乚 幺 幺 糸 糸 紀 紀 紀

霧	FUN (85-11): nebbia 雰囲気 FUN-IKI (85-11): atmosfera, ambiente
173-4 12	一 厂 广 币 乘 零 零 零 零

囲	*kako(mu)*, I (85-11): circondare, cingere 周囲 SHŪI: giro, circonferenza, dintorni
31-4 7	丨 冂 冂 月 用 囲 囲

85

際	SAI (85-12): momento, occasione 実際 JISSAI (85-12): verità, realtà 国際 KOKUSAI (88-17): internazionale
170-11　14	阝　阝'　阝"　阝ケ　阝タ　阝ヌ　阞　陓　陘　際

印	<u>IN</u> (85-16): sigillo, marchio 印刷 INSATSU: stampa, stampare
26-4　6	／　イ　F　E　臼　印

86

吉	*yoshi* (86-4), KICHI (88-10): fortuna, buon augurio
30-3　6	一　十　士　吉　吉　吉

慮	RYO (86-8): considerazione, pensiero 遠慮 ENRYO (86-8): discrezione, esitazione
61-11　15	ヽ　ト　ﾄ　广　庐　虍　虎　虜　虜　慮

嫁	*yome* (86-11): sposa; nuora *嫁先 totsugisaki* (86-9): casa dei suoceri (in cui entra la sposa con il matrimonio)
38-10　13	く　夂　女　女'　妒　妒　妒　嫁　嫁　嫁

170 •

突	TOTSU (86-16): attaccare, colpire 突然 TOTSUZEN (86-16): improvvisamente, di colpo	**86**
116-3 8	`丶 丷 宀 宀 宂 空 穾 突`	
訪	tazu(neru) (86-16), HŌ: fare visita 訪問 HŌMON: visita	
149-4 11	`丶 亠 㐁 言 言 言 言' 訁 訪 訪`	
状	JŌ (87-8): circostanze 状態 JŌTAI (87-8): condizione attuale, situazione	**87**
94-3 7	`丨 丬 丬 丬 爿 丬 状 状`	
態	TAI (87-8): apparenza 態度 TAIDO: atteggiamento, comportamento	
61-10 14	`⺈ 厶 台 台 台 能 能 態 態`	
貨	KA (88-titolo): merce, mercanzia 貨物 KAMOTSU: carico, derrate, merci	**88**
154-4 11	`丿 亻 イ 化 化 乍 貨 貨 貨 貨`	

• 171

幣	HEI (88-titolo): biglietti di carta piegati a zig-zag usati come offerte nei templi shintoisti 貨幣 KAHEI (88-titolo): denaro (banconote e monete)
50-12 15	丶 丷 尚 尚 㡀 㡀 㡀⼀ 敞 敝 幣

刷	SATSU (88-2): stampare 印刷 INSATSU (88-2): stampa (tipografica)
18-6 8	丶 ㇇ 尸 尸 月 刷 刷 刷

破	yabu(ru): strappare, lacerare; yabu(reru) (88-4): essere strappato, essere deteriorato
112-5 10	一 丆 丆 石 石 矴 砃 砄 破

描	ega(ku) (88-5), BYŌ: ritrarre, disegnare, descrivere 描写 BYŌSHA: descrizione, pittura, rappresentazione
64-8 11	一 丨 扌 扩 拌 拌 拌 描 描

聖	SEI, *SHŌ (88-6): un santo, un saggio; la santità 聖人 SEIJIN: un santo, una persona saggia
128-7 13	一 丆 F 耳 耴 取 耶 耵 聖

徳	TOKU (88-6): virtù; guadagno 道徳 DŌTOKU: morale, etico
60-11 14	⁄ 彳 彳 彳 彳 彳 彳 徳 徳 徳
憲	KEN (88-8): legge 憲法 KENPŌ (88-8): la Costituzione di uno Stato
61-12 16	丶 宀 宀 宀 宀 害 害 害 害 憲
維	I (88-9): corda, legame 維新 ISHIN (88-9): restaurazione (Meiji)
120-8 14	〈 幺 幺 幺 糸 糸 糺 紀 紲 維
躍	YAKU (89-9): danzare 活躍 KATSUYAKU (88-9): attività, azione
157-14 21	口 甲 甼 足 趵 趵 躍 躍 躍 躍
福	FUKU (88-10): fortuna, buona sorte 幸福 KŌFUKU: felicità, buona fortuna
113-9 13	丶 ラ ネ ネ 礻 祁 祁 福 福 福

88

諭	YU (88-10): consigliare, chiarire 説諭 SETSUYU: ammonizione
149-9 16	`ヽ ﾐ 言 訐 訬 諭 諭 諭 諭`

欧	Ō (88-12): l'Europa 欧米 ŌBEI (88-12): Europa e Stati Uniti (l'Occidente)
76-4 8	`一 フ 又 区 区 欧 欧 欧`

米	*kome*, BEI: riso; BEI (88-12): gli Stati Uniti, americano 日米 NICHIBEI (88-18): nippoamericano
119-0 6	`ヽ ヽﾞ ﾂ 半 米`

洋	YŌ (88-13): oceano; occidentale 太平洋 TAIHEIYŌ: Oceano Pacifico 西洋 SEIYŌ (88-13): l'Occidente
85-6 9	`ヽ ﾐ ｼ ｼﾞ 沪 泮 洋 洋`

稲	*ine*, *ina*- (88-14): riso (pianta)
115-9 14	`´ 二 千 禾 利 秆 秤 稲 稲`

昭	**SHŌ** (88-15): brillante, luminoso 昭和 **SHŌWA** (88-15): epoca Shōwa (1926-1989)
72-5　　　9	丨 冂 冃 日 日′ 即 即 昭 昭
育	*soda(teru)*, **IKU** (88-15): allevare, educare 教育 **KYŌIKU**: educazione, istruzione
130-4　　　8	` 一 ナ 云 产 育 育
盟	**MEI** (88-17): alleanza 連盟 **RENMEI** (88-17): federazione, unione, società
108-8　　　13	丨 冂 日 日′ 明 明 明 明 盟 盟
輩	**HAI** (88-22), **-PAI**: compagno 先輩 **SENPAI**: più anziano, studente di un corso superiore
159-8　　　15	丿 ヨ ヨ丨 ヨ非 非 韭 韭 輩 輩
勧	*susu(meru)* (88-24), **KAN**: raccomandare, consigliare 勧告 **KANKOKU**: raccomandazione, consiglio
19-11　　　13	丿 亻 𠂉 午 午 年 年 年 隹 勧 勧

89

身	*mi* (89-7), SHIN: corpo, persona 身分 *mi*BUN (89-7): status, ceto sociale 自身 JISHIN: se stesso, in persona
158-0 7	′ 亻 亻 自 自 身

互	*taga(i)*(89-7), GO: reciproco
7-2 4	一 工 互 互

情	JŌ (89-7): sentimento; (95-14) circostanze 友情 YŪJŌ (89-7): amicizia, affetto 情報 JŌHŌ (95-14): informazione
61-8 12	丶 忄 忄 忄 忄 忄 情 情 情 情

素	SO (89-10): elemento 素材 SOZAI: materiale, materia
120-4 10	一 十 キ 圭 圭 圭 丟 耊 素 素

朴	BOKU (89-10): semplice, docile 素朴 SOBOKU (89-10): sobrio, naturale, semplice
75-2 6	一 十 才 木 朴 朴

継	*tsu(gu)* (89-10), KEI: continuare, succedere a, proseguire 継続 KEIZOKU: continuazione
120-7 13	⌇ 纟 纟 纟 糸 糸 紅 紅 絆 継 継
脳	NŌ (89-12): cervello 首脳 SHUNŌ (89-12): capo, leader
130-7 11	ノ 刀 月 月 月 月゛ 胪 朋 脳 脳
催	SAI (89-15): organizzare 開催 KAISAI (89-15): organizzazione di un evento
9-11 13	イ イ´ 伫 伫 伫 俏 俏 催 催
難	*muzuka(shii)* (89-17): essere difficile
172-10 18	艹 艹 芦 芦 芦 莫 剿 剿 斳 難 難
沖	*oki* (89-18): mare aperto 沖縄 *okinawa* (89-18): (l'isola di) Okinawa
85-4 7	ヽ ヾ 氵 氵 汀 汀 沖

89

縄
nawa (89-18): corda, fune

120-9　15

例
tato(eru) (89-21), <u>REI</u>: confrontare, fare un parallelo

例えば tatoeba (89-21): ad esempio
例外 REIGAI: eccezione

9-6　8

述
no(beru) (89-21), JUTSU: enunciare, dire, raccontare

162-5　8

90

桜
sakura (90-1): ciliegio giapponese da fiore

75-6　10

諺
kotowaza (90-4): proverbio, massima

149-9　16

善	ZEN (90-8): il bene, il diritto, la virtù 善意 ZEN-I: buona volontà, buona intenzione
30-9　　12	丶 䒑 兰 兰 羊 羊 羔 善 善
信	SHIN (90-11): fede, verità, sincerità 信用 SHIN-YŌ: fiducia, credito, fede
9-7　　9	ノ 亻 亻 仁 信 信 信 信
墨	*sumi* (90-14): inchiostro di china
32-11　　14	丶 冂 日 甲 里 里 黒 黒 墨 墨
短	*mijika(i)* (97, esercizio 1.1), TAN (90-14): essere corto 短歌 TANKA (90-14): tanka (genere poetico giapponese)
111-7　　12	ノ ㇉ 矢 矢 矢 知 矩 短 短
詠	*yo(mu)* (90-14): comporre delle poesie
149-5　　12	丶 亠 言 言 言 訁 訃 詠 詠

90

笑	*wara(u)* (90-18): ridere
118-4 10	ノ ヶ ヶ ヶ 竹 竹 竺 竺 竿 笑

吸	*su(u)* (90-esercizio 1.3), KYŪ: aspirare 呼吸 KOKYŪ: respirazione
30-3 6	丨 口 口 叨 吸 吸

波	*nami* (90-esercizio 1.4): onda
85-5 8	丶 シ シ ｼ 沪 沖 波 波

92

就	SHŪ (92-2): prendere posto 就職 SHŪSHOKU (92-2): posto di lavoro
43-9 12	' 亠 古 亨 京 京 尌 就 就

費	HI (92-3): costo, tassa 学費 GAKUHI (92-3): tasse scolastiche
154-5 12	一 コ 弓 弗 弗 弗 弗 曹 費

授	JU (92-8): dare, conferire 教授 KYŌJU (92-8): insegnante, professore
64-8 11	一 十 扌 扌 扩 护 护 捋 授 授
頼	tano(mu) (92-8), RAI: chiedere, pregare 信頼 SHINRAI: fiducia
181-7 16	一 口 申 束 束 束 粀 頼 頼
弁	BEN (93-2): distinguere お弁当 oBENTŌ (93-2): pranzo al sacco giapponese
55-2 5	乚 ム ム 弁 弁
鶏	niwatori, tori (93-3): pollo
196-8 19	一 爫 䍃 奚 奚 䳅 䳅 鶏 鶏
煮	ni(ru) (93-3): fare cuocere お煮染 onishime (93-3): stufato di verdure
86-8 12	一 十 土 耂 耂 者 者 煮

93

93

染	*so(meru)*: tingere, colorare; *shi(miru)* (93-3): impregnarsi 染物屋 *somemonoya*: tintoria, tintore
75-5 9	丶 丶 氵 氵 氿 氿 染 染

努	*tsuto(meru)* (93-4), DO: sforzo, impegno 努力 DORYOKU: sforzo, fatica
19-5 7	㇛ 夂 女 奴 奴 努 努

茹	*yu(deru)*, *u(deru)* (93-4): fare bollire 茹卵 *yudetamago* (93-4): uovo sodo
140-6* 9	一 艹 艹 艾 艻 茹 茹 茹

報	HŌ (93-5): notizie 天気予報 TENKIYOHŌ (93-5): previsioni meteorologiche - 情報 科学 JŌHŌKAGAKU (95-14): informatica
32-9 12	十 土 キ 幸 幸 幸 幸 靪 報 報

曇	*kumo(ru)*: essere nuvoloso; *kumo(ri)* (93-5): cielo coperto, nuvoloso
72-12 16	冂 日 日 昌 昗 曇 曇 曇 曇

晴	*ha(reru)* (93-5): fare bello (tempo)	
72-8 12	丨 冂 日 日⁻ 日⁺ 昈 睛 晴 晴	
重	*omo(i)* (93-9), JŪ (95-14): essere pesante; essere serio 重要 JŪYŌ (95-14): importante	
166-2 9	一 一 一 一 亘 車 重 重	
腹	*hara, (o)naka* (93-10): addome, pancia	
130-9 13	丿 月 月 尣 胪 胪 胪 腴 腹	
甘	*ama(i)* (93-13): essere dolce	
99-0 5	一 十 廿 甘 甘	
賓	HIN (94-3): ospite, invitato 賓客 HINKYAKU: ospite d'onore	
154-8 15	宀 宀 宇 宋 穷 穷 宕 窞 賓	

込	*ko(mu)*: essere affollato; *ko(mi)*, *-go(mi)* (94-3): miscuglio 人込み *hitogomi* (94-3): folla
162-2 5	丿 入 `入 让 込

警	KEI (94-5): fare delle rimostranze, fare delle accuse o critiche 警察 KEISATSU (94-5): polizia
149-12 19	艹 艹 芍 苟 苟 敬 敬 敬 警 警

察	SATSU (94-5): supporre, capire 考察 KŌSATSU: considerazione, osservazione, riflessione
40-11 14	宀 宀 宀 宂 宆 察 窔 窣 察

官	KAN (94-5): autorità, governo 官僚 KANRYŌ: funzionario, burocrate
40-5 8	' ⼧ 宀 宁 宁 官 官 官

総	SŌ (94-6): tutto, intero 総合 SŌGŌ: sintesi
120-8 14	纟 幺 幺 糸 糸 紵 紛 総 総 総

臣	SHIN, JIN (94-6): seguace, vassallo 総理大臣 SŌRIDAIJIN (94-6): primo ministro	
131-0　　7	丨 厂 厂 戶 臣 臣 臣	
王	Ō (94-6): re 女王 JOŌ (94-6): regina	
96-0　　4	一 丅 干 王	
席	SEKI (94-9): posto (a sedere) 予約席 YOYAKUSEKI: posto prenotato, riservato	
50-7　　10	` 亠 广 广 庐 庐 庐 庐 席 席	
系	KEI (94-15): sistema; connessione 理科系 RIKAKEI (94-15): campo delle scienze	
120-1　　7	一 ㇉ 玄 玄 系 系 系	
卓	TAKU (95-4): tavolo 卓球 TAKKYŪ: ping-pong, tennis tavolo	
24-6　　8	一 卜 ト 占 占 卣 卓 卓	

試	**SHI** (95-9): sperimentare, provare 試験 **SHIKEN**: esame (a scuola o all'università)
149-6　　13	言 言 言 言 訂 訂 試 試
役	**YAKU** (95-14): incarico, compito, mansione 役所 **YAKUSHO**: ufficio pubblico
60-4　　7	ノ ク イ 彳 役 役 役
割	*war(u)* (95-14): dividere, tagliare 役割 **YAKU**wari (95-14): ruolo 割引 waribiki: sconto, riduzione
18-10　　12	丶 宀 宀 宀 宔 害 害 害 割
環	**KAN** (95-15): cerchio, anello 環境 **KANKYŌ** (95-15): ambiente (in senso ecologico)
96-13　　13	丁 王 玗 珃 珥 珥 琛 環 環 環
境	**KYŌ** (95-15): confine, bordo, frontiera 境界 **KYŌKAI**: limite, frontiera, confine
32-11　　14	土 圵 圹 坃 垃 培 境 境 境

益	*ma(su)* (95-15): aumentare, fare crescere 益々 *masumasu* (95-15): sempre più
108-5 10	丶 丷 亠 岁 关 羊 羊 益 益 益
刻	KOKU (95-15): intagliare, incidere 深刻 SHINKOKU (95-15): grave, serio
18-6 8	丶 亠 宀 亥 亥 亥 刻 刻
処	SHO (95-17): agire su, gestire 処理 SHORI (95-17): trattamento, processo
34-2 5	ノ 夕 夂 処 処
引	*hik(u)* (95-esercizio 1.2): tirare, ritirare, sottrarre
57-1 4	丁 コ 弓 引
存	SON, ZON (96-2): sapere 御存知 GOZONJI (96-2): sapere (grado superiore, Lei)
39-3 6	一 ナ 才 存 存 存

種	SHU (96-6): varietà, tipo, specie 種類 SHURUI (96-6): tipo, genere
115-9　14	一 二 千 禾 禾 禾 秆 稻 種 種
黒	kuro(i) (96-10), KOKU: essere nero 黒板 KOKUBAN: lavagna
203-0　11	丨 冂 冃 日 甲 甲 里 里 黒 黒
弾	hi(ku) (96-13): suonare uno strumento; DAN: palla (esempio: di cannone) 弾薬 DAN-YAKU: munizioni
57-9　12	丁 コ 弓 弓 弓″ 弓″ 弾 弾 弾
捕	tsukama(eru) (96-esercizio 1.2), tora(eru): catturare, arrestare
64-7　10	一 十 扌 扩 扩 折 捐 捕 捕
弟	otōto (96-esercizio 1.4): fratello minore *弟子 DESHI: allievo, discepolo
57-4　7	丶 丷 丷 丷 肖 弟 弟

巡	*megu(ru)*, JUN: girare attorno, fare il giro di 巡回 JUNKAI: ronda, giro di ispezione *お巡りさん *omawarisan* (97-3): agente di polizia
47-3 6	く 巜 巛 ʽ巛 ʿ巛 巡
牛	*ushi* (97-11), GYŪ: mucca, bovino 牛肉 GYŪNIKU: carne bovina
93-0 4	ノ ⺧ 𠂒 牛
姓	SEI, SHŌ (97-12): nome di clan, cognome 百姓 HYAKUSHŌ (97-12): contadino, agricoltore
38-5 8	く 夕 女 女 女ˊ 女ᶊ 姓 姓
修	*osa(maru)*, SHŪ (97-14): correggersi, migliorarsi; *osa(meru)*, SHŪ (97-14): studiare, approfondire gli studi 修学旅行 SHŪGAKURYOKŌ (97-14): gita scolastica
9-8 10	ノ 亻 𠆢 𠆢ˊ 𠆢ʴ 𠆢ˋ 修 修
築	CHIKU (97-16): costruire 建築家 KENCHIKUKA (97-16): architetto
118-10 16	⺮ ⺮ ⺮⺮ ⺮ᵗ ⺮ᵗ ⺮ᵗ 筑 筑 築 築

97

形	*katachi* (97-16), KEI: forma; modello 形式 KEISHIKI: forma, formalità
59-4　　7	一 二 チ 开 形 形 形
遂	*tsui (ni)* (97-20): infine; SUI: compiere, realizzare 遂行 SUIKŌ: adempimento, esecuzione, compimento
162-9　　12	丷 丷 乎 芋 芋 冢 冢 豕 遂 遂
俳	HAI (97-20): attore 俳句 HAIKU: haiku (genere poetico giapponese)
9-8　　10	ノ イ 亻 仆 仆 俳 俳 俳

ALLEGATI

Allegato 1
Tavola dei radicali

I radicali

I 214 radicali di questa tabella rappresentano il sistema tradizionale di classificazione dei kanji, inventato in Cina e usato ancora oggi.

I radicali sono stati classificati in base al numero di tratti che li compongono, da 1 a 17. Questo numero è indicato dalla cifra in rosso che introduce la lista dei radicali con quel numero di tratti.

Ve li presentiamo all'interno di una tabella proprio come avviene nei dizionari, ossia con un radicale in ogni casella; per ognuno di essi abbiamo indicato:

• il numero del radicale (è utile ricordarlo almeno per quelli più utilizzati, perché vi consentirà di risparmiare tempo quando vi capiterà di usare i dizionari giapponesi);

• il radicale stesso; notate che alcuni radicali possono esistere come kanji autonomi, anche se di solito rappresentano solo una parte del kanji situata sopra, sotto, a lato, intorno ecc.; altri, invece, presentano più di una forma a seconda del modo in cui appaiono nel kanji. Vi abbiamo dato alcune di queste forme (confrontate ad esempio i radicali numero 9, 12, 18, 32, 42);

• il significato del radicale.

	1	1 一 uno	2 丨 bastone
3 丶 punto	4 丿	5 乙 secondo	6 亅 gancio

	7	8	9
2	二 due	亠 fermacarte	人 亻 人 persona
10	11	12	13
儿 gambe	入 entrare	八 ハ otto	冂 perimetro
14	15	16	17
冖 coperchio	冫 ghiaccio	几 tavolo	凵 scatola aperta
18	19	20	21
刀刂 spada	力 forza	勹 imballaggio	匕 cucchiaio
22	23	24	25
匚 scatola	匸 baule	十 dieci	卜 divinazione
26	27	28	29
卩 㔾 sigillo	厂 rupe	厶 privato	又 ancora
3	30	31	32
	口 bocca	囗 recinto	土 土 terra
33	34	35	36
士 vassallo	夂 andare	夊 andare (var.)	夕 sera

37 大 grande	38 女 donna	39 子 bambino	40 宀 tetto
41 寸 pollice (3 cm)	42 小 ⺌ piccolo	43 尢 zoppo	44 尸 cadavere
45 屮 germoglio	46 山 montagna	47 川 巛 fiume	48 工 lavoro
49 己 巳 se stesso	50 巾 fazzoletto	51 干 secco	52 幺 piccolo
53 广 riparo	54 廴 andare	55 廾 mani giunte	56 弋 freccia
57 弓 arco	58 彑 彐 grugno	59 彡 piume	60 彳 passo
4	61 心 忄 ⺗ cuore	62 戈 lancia	63 戶 porta
64 手 扌 mano	65 支 ramo	66 攴 攵 colpo	67 文 scrittura

68 斗 staio (misura)	69 斤 ascia	70 方 direzione	71 无旡 "negazione"
72 日 sole, giorno	73 曰 parlare	74 月 luna	75 木 albero
76 欠 mancanza	77 止 fermarsi	78 歹 morte, cattivo	79 殳 arma
80 母毋 madre	81 比 confrontare	82 毛 pelo, lana	83 氏 clan
84 气 vapore	85 水氵 acqua	86 火灬 fuoco	87 爪爫 artiglio
88 父 padre	89 爻 mischiare	90 爿丬 scheggia	91 片 un lato
92 牙 zanna, dente	93 牛牜 bue	94 犬犭 cane	5
95 玄 oscurità	96 玉王 gioiello	97 瓜 melone	98 瓦 tegola

99 甘 dolce	**100** 生 vivere, nascere	**101** 用 utilizzare	**102** 田 risaia
103 疋 正 gambe	**104** 疒 malattia	**105** 癶 battere con i piedi	**106** 白 bianco
107 皮 pelle	**108** 皿 piatto	**109** 目 occhio	**110** 矛 lancia
111 矢 freccia	**112** 石 pietra	**113** 示 礻 indicare, rito	**114** 内 impronta
115 禾 il raccolto	**116** 穴 caverna	**117** 立 ritto in piedi	**6**
118 竹 bambù	**119** 米 riso	**120** 糸 filo di seta	**121** 缶 ceramica
122 网 罒 rete	**123** 羊 羋 capra	**124** 羽 ali, piume	**125** 老 耂 vecchio
126 而 anche	**127** 耒 aratro	**128** 耳 orecchio	**129** 聿 pennello

130 肉月 carne	131 臣 ministro	132 自 se stesso	133 至 arrivare
134 臼 mortaio	135 舌 lingua	136 舛 opporsi	137 舟 nave
138 艮 limite	139 色 colore	140 艹 erba	141 虍 tigre
142 虫 insetto	143 血 sangue	144 行 andare	145 衣 衤 abbigliamento
146 襾 西 copertura	**7**	147 見 vedere	148 角 angolo
149 言 parola	150 谷 valle	151 豆 legume	152 豕 maiale
153 豸 animale	154 貝 conchiglia	155 赤 rosso	156 走 correre
157 足 ⻊ gamba, piede	158 身 corpo	159 車 carro	160 辛 amaro

161 辰 drago (zodiaco)	**162** 辶 camminare	**163** 阝 frazione	**164** 酉 alcolico
165 采 seminare	**166** 里 villaggio	**8**	**167** 金 metallo
168 長 lungo	**169** 門 cancello	**170** 阝 borgo	**171** 隶 servo
172 隹 uccello dalla coda corta	**173** 雨 pioggia	**174** 青 blu	**175** 非 "negazione"
9	**176** 面 faccia	**177** 革 pelle	**178** 韋 pelle conciata
179 韭 porro	**180** 音 suono, rumore	**181** 頁 testa	**182** 風 vento
183 飛 volare	**184** 食 飠 mangiare	**185** 首 collo	**186** 香 profumo
10	**187** 馬 cavallo	**188** 骨 osso	**189** 高 alto

190 髟 capelli, capigliatura	**191** 鬥 lotta	**192** 鬯 erbe aromatiche	**193** 鬲 tripode
194 鬼 demone	**11**	**195** 魚 pesce	**196** 鳥 uccello dalla coda lunga
197 鹵 sale	**198** 鹿 daino	**199** 麦 cereali (tranne il riso)	**200** 麻 canapa
12	**201** 黄 giallo	**202** 黍 miglio	**203** 黒 nero
204 㡀 cucire	**13**	**205** 黽 rana	**206** 鼎 bollitore
207 鼓 tamburo	**208** 鼠 topo	**14**	**209** 鼻 naso
210 齊 simile	**15**	**211** 齒 dente	**16**
212 龍 dragone	**213** 龜 tartaruga	**17**	**214** 龠 flauto

Allegato 2
Dialoghi delle lezioni del manuale di lingua

Nella presentazione di questi testi abbiamo adottato anche noi l'uso giapponese della scrittura in colonne verticali.

Un testo giapponese scritto in verticale si legge sempre da destra a sinistra, di conseguenza un libro giapponese è rilegato al contrario dei nostri: comincia da quella che per noi sarebbe l'ultima pagina e la copertina iniziale corrisponde alla quarta dei libri occidentali.

I dialoghi delle lezioni, che costituiscono un vero e proprio "minilibro" all'interno di questo manuale, iniziano a pagina 248 e proseguono fino a pagina 202. A voi il piacere della lettura!

だと思いました。」「それからどうなったのですか。」「高校を卒業するころは、外国旅行がしたかったので商社マンか通訳になろうかと思いましたが、遂に、俳優になりました。そうすれば、一回でも子供の時から夢に見ていたこれらの職業にみんなつくことができるからです。」

います。どれになさいますか。」「ピアノは外観ではなく、音で決めるものよ。弾いてみないとわからないわよ。こちらのは深みがある音ね。あちらのは私の好きな音ではないわ。そちらのはどうかしら。」「どれにしたらいいのかわからないわ。決められないから、今日はやめておきます。じゃあ、今日はカタログだけいただいて帰ります。」

第九十七課　職業　「小学校の一年生の時、母とショッピングセンターへ買物に行って、迷子になりました。その時あまりにもこわくてどうなるかと思っていたら、親切なお巡りさんが交番へ連れていってくれて、それから家まで送ってくれました。そのことがあまりにもうれしかったので将来はお巡りさんになりたいと思いました。」「四年生だったころ、トラックの運転手になりたかったので、毎日の様に、学校が終わると、近所の工場へ行って、トラックが出たり入ったりするのを見ていました。」「その次は何になりたくなったの。」「北海道の伯父さんは広い農場を持っています。六年生の夏休みは伯父さんのところで過ごしました。トラクターを運転したり、牛の世話をしたりしていました。いつも自然の中で暮らしている伯父さんを見て、将来はお百姓さんになりたいと思いました。」「それからどうしたの。」「中学生の時、修学旅行で東京まで来て、オリンピックのために建てたスタジアムなどを見、建築家とは夢を形に表すことのできる職業

インターネットで買物をすることもできる。僕はいつもアニメやビデオゲームを買っている。」「ちょっと待って、何を言っているんだい。情報科学はもっと人類にとって重要な役割を果たしていると思う。例えば、環境問題がこれから益々深刻になっていくだろう。もしかしたら人類は地球に住めなくなるかもしれない。情報処理の発達のおかげで、人類が月に移動するための全ての計算ができるようになる。」「君はそんなことを考えているのかい。そんなに悲観的になるなよ。月もいいけど、来月の沖縄旅行の情報をインターネットで調べるのがまだ先だよ。」「それもそうだけど、その前にお金を返して！」

第九十六課　ピアノを買う

「娘がピアノを習いたいと言うので、習わせようと思っています。どなたかいい先生を御存知だったら、紹介してくださいませんか。レッスンを始める前に、ピアノを買おうと思いますが、あなたはピアノにくわしいから一緒に見ていただけますか。」店で「こんなにピアノの種類があるとは知りませんでした。」「グランドピアノですか。アップライトピアノですか。」「これから始めるのだからアップライトピアノにしましょう。」「どのメーカーになさいますか。外国製または国産？色は、黒いのも白いのも茶色のもござ

「いつこの間貸したお金を返すつもり？」「ええと…いくらだったかな？」「先週のお昼代、五〇〇円と飲み代三〇〇〇円、それから昨日の地下鉄の切符代四八〇円。ちょっと待って、今携帯の電卓で計算します。五〇〇円足す三〇〇〇円足す四八〇円だから、全部で三九八〇円になります。」「最近の生活は便利になったね。例えば、何か知りたいことがあったら、すぐインターネットで調べることができるよ。車の新しいモデルを見付けたり、野球やサッカーの試合の結果を見たり、すてきなアイドルの写真を捜したり…それに

「出席するつもりです。今度の国語の先生をどうお思いになりますか。」「娘の話によると、明るい感じの方だそうですが、とてもきびしい点をお付けになるみたいです。」「内の娘は新しい理科の先生のことをよく話します。やさしくて、その上、美男子なので、娘はすっかり先生のファンになってしまいました。今年になってから、今まできらいだった理科が急に好きになって、将来は理科系の仕事がしたいと言っています。去年までは、国語の先生がよかったので、新聞記者になると言っていました。この調子だと、来年は何か他のものになりたがる子でしょう。」

第九十五課 友情

ろで今月の父兄会にいらっしゃいますか。」

先のことはもっと後でいいのじゃない？」

第九十三課　遠足

「明日の遠足、うれしいな。お母さん、お弁当に何を作ってくれるの。」「今晩のおかずは鶏と野菜のお煮染だったから、それを少し取っておいてあげましたよ。それに努が大好きな茹卵二つ。」
「天気予報だと、午前中は曇りだけど、午後は晴れるそうだから、よかったな。」「先生が明日はたくさん歩くとおっしゃっていましたから、お結びは五つ入れますよ。」「お結び、五つ？そんなに食べられないよ。リュックサックも重くなるから嫌だよ。」「でもお腹がすいていたら、歩けませんよ。」
「デザートとお八つには何を準備してくれたの。」「りんごとお煎餅よ。」「それだけ？

甘いものは何もないの。チョコレートとクッキーがほしいなあ。」「あら、だって、努がさっき言ったでしょう…リュックサックが重くなるって…さあ…あまり遅くならないうちに、寝なさい。」「うん…お母さん、お休みなさい。」

第九十四課　日常会話

「遅れてしまって申し訳ありません。タクシーに乗ったのですが、迎賓館の前を通った時、すごい人込みで、車が全然通れませんでした。車のそばにいた警察官に『どなたがいらしたのですか』と聞いてみたら、『総理大臣がオランダの女王を御案内しているところです』と言われました。迎賓館を出て、国会議事堂の方へ向かうところなのだそうです。とこ

きな桜の木の下に茣蓙を敷き、午後中、そこに座ってお酒を飲みながら花を見ていました。時々墨などを持ってこさせ、短歌などを詠んでいました。私は姉と一緒によく祖父の茣蓙の上でままごとをしたものでした。そうすると、必ず祖母がお団子を作って持ってきてくれました。私達は花見のお団子が一番楽しみだったのです。祖父はこれを見て、笑いながら『花より団子、花より団子』と言っていました。」

第九十二課　学校

「息子の和生はぜひ国立大学に入れたいな。」「そうですね。その方が就職も楽だし、学費も私立よりずっと安いですから。」「そのためには高校から東京にやらなくちゃね。姉さんの所で預かって もらえばいいよ。」「中学校の一年生から英語をしっかりと身に付けさせましょう。お隣の大学生は英語が達者だと聞きましたから、個人教授をしてくれるように頼みましょう。これからの社会は国際的になっていくから」なんといっても、語学がものをいいますからね。」「でも中学校に入るまでに国語と算数がよほどできなければだめだな。」「そうすると、小学校もよほどいい所を選ばなければなりません。」「場合によっては、小学校だけでも私立にしてもいいわね。」「そうなると幼稚園も問題だな。ところで『善は急げ』と言うから、さっそく東京の姉さんに電話したらどうだ？」「あなた達はちょっとせっかち過ぎるのじゃない？和生は生まれてまだ九日でしょう。そんな

・207

が設立されました。その後、少しずつ他の国が参加するようになって、1997年（平成九年）にはG8になりました。毎年サミットが開かれます。過去に三回東京で開催されました。2000年には初めて地方で行うことになりました。どこの地方を選ぶか難しい問題になりました。長い話し合いの結果、歴史的な理由で沖縄が選ばれました。その沖縄サミットを記念して、お札を作ったのです。ほとんどのお札には男性が描かれているが、女性が描かれていないわけではない。例えば、先に述べたように、女流作家の樋口一葉がいます。」「いずれにせよ、段々クレジットカードや電子マネーを使うことが増えていますから、将来は貨幣が無くなるかもしれません。ちょっと残

第九十課　花見

「皇居のそばにある桜の木は満開になりましたね。」「きっと上野公園の桜も二日三日の内に満開になるでしょう。」「そうですね。桜の花は散るのが速いですからね。『三日見ぬ間の桜かな』と言う諺があるくらいですからね。」「去年も一昨年も出張していたので、桜の花をゆっくりと見る暇がありませんでしたが、今年はぜひ行きたいと思っています。」「そうですね。『善は急げ』と言いますから、明日の午後にでもいかがですか。」「桜の花を見ていると、子供の頃のことを思い出します。」「お国はどちらでしたっけね。」「信州です。」

毎年四月になると、私の祖父は庭にある大

活動し、戦前に日米友好のために働いた。政治家だけではなく、文学者も選ばれた。

まず選ばれたのは夏目漱石であった。日本近代文学の一番有名な作家と言われます。特に知られている作品は『吾輩は猫である』という小説で、一九〇五年に書かれた作品です。猫が主人公で、猫の目で見た人間の社会が描かれています。とても面白いですから、まだ読んでいないのでしたら、ぜひお読みになるようお勧めします。」

第八十九課　貨幣　2　「もう一人の作家は女流作家の樋口一葉です。明治時代の作家で、二十四歳で亡くなりました。とても若くして亡くなったのに日本人がだれでも知っている『たけくらべ』という作品を書きました。国語の教科書に作品の一部が載っているので、日本の子供達にはみんあ読んだことがあります。『たけくらべ』は二人の子供の話です。二人の身分が違いますが、お互いに友情を感じていました。しかし大人になって、それぞれの生きる道ははっきりと分かれました。日本人にとって古き良き時代である明治時代の終わりが舞台です。感受性があって、素朴な文体のこの作品は今でも日本人に詠み継がれています。また、2000年（平成十二年）には初めて人物ではなく、大切な行事を記念するお札ができました。1974年（昭和四十九年）に日本も参加したG5という主要国首脳会議

第八十八課　貨幣　1　「日本のお金の変化について研究するのは面白いですよ。時々変わるのはお札に印刷される人物です。」「変わらないのは、お札の紙が丈夫だということですね。」「昔は政治家ばっかり描かれていました。特に、長く描かれた人物は聖徳太子であった。七世紀の人で、日本で最初の憲法を作った人物です。それから、明治今でも残っているのは、福沢諭吉だけです。明治時代の有名な思想家であり、維新の前に欧米旅行をしたことがあって、日本に西洋を紹介した人です。長く残ったのは新渡戸稲造という人です。明治、大正、昭和時代の教育家であり、農業の研究を色々した人です。後に、国際連盟で活発に

いさつに行ったはずだ。」「ああ、そうかい。ところで僕達も一緒に一杯やろうか。きたないけれどうまい酒を飲ませる所を知っているんだ。」「ああ、そういう所が一番気楽でいいねえ。」「仕事はどうだい。うまく行っているかい。」「今のところ何とかやっているという状態だ。」「おれのところも同じようなものだ。ところで君の息子は東京の人と結婚したんだそうだね。お金持のお嬢さんと聞いたが、どうだい。」「うん。なかなかうるさい嫁で、御覧の通り東京まで両親の御機嫌をうかがいに来ているというわけだ。」「酒でも飲んで、今晩はそんな事は皆忘れよう。」「そうだ、そうだ。」

を味わうことができますが、実際に行くと、観光客が大勢いて、金閣寺の美しさを楽しむどころではありません。」「私が行った時は、冬で、雪が降っていて、朝早かったので、まだだれもいなく、静かでしたから、印象深かったです。だからそのお寺に火をつけたお坊さんの気持がわかるような気がします。」

第八十六課　上京　1　「ごめんください。」「はい、どなたですか。」「ご無沙汰しております。秋田の吉本です。」「まあ。お久し振りですね。どうぞ、お上がりください。」「ありがとうございます。けれどもおい。」「そんなにご遠慮玄関で失礼いたします。」をなさらないで、どうぞお上がりください。

ちょうど上の娘も嫁先から帰っておりますし、ゆっくりなさっていってください。東京に何か御用事でいらしたのですか。」「ええ、息子の嫁の両親に会わなければならないので、一泊二日で参りました。」「よろしかったらお食事でも御一緒にいかがですか。」「ありがとうございます。でもまだ用事が残っていますので、こちらで失礼いたします。」「さようでございますか。せっかくお越しくださったのに…」「こちらこそ突然お訪ねして、申し訳ございません。」

第八十七課　上京　2　「あ。吉本じゃないか。東京なんかで何しているんだ?」「実は息子の嫁の両親に会うために一泊二日で東京に来ているんだ。家内が君の家まであ

作家が好きなようですね。」「いいえ、別にそういうわけではないですが、どちらかというと、平安時代の朝廷文学が好きなので、自然と女の作家の作品を読むことになりました。この間、孫に『日本の代表的な古典だから源氏物語でも読みなさい』と言ったら、『もう漫画で読んだ』と答えられました。あっ、もう四時ですね。遅くまでお邪魔しました。」「まだいいではないですか。」「いえ。主人が帰ってくるまでに晩御飯の買物と支度をしなければいけません。ごちそうさまでした。」「どういたしまして。また、いつでも遊びに来てくださいませ。」「失礼します。ごめんくださいませ。」

第八十五課　金閣寺

「表紙に金閣寺の写真はどうでしょうか。」「いいですね。池と金色のお寺の写真を見ると、いつも心が静まりますね。」「京都のお寺の中で一番きれいだと思います。今の建物は一三九七年に建てられたものではなく、一九五五年に復元されたものです。完璧な美しさを求めていたあるお坊さんが、金閣寺のあまりの美しさに耐えられなくなって、火をつけたのです。」「今の建物はコンクリート建てだそうですね。」「火事が起こっても燃えないようにコンクリートで建て直したとよく言われていますが、これは嘘です。今度も木造で建てられました。同じように完璧な美を求めていた作家の三島由紀夫がこの話を小説に書きました。題は『金閣寺』です。」「写真では建物と池の風景だけで静かな雰囲気

禁止になり、歩行者天国になります。そして大通りの真中にテーブルや椅子を並べたり、子供のためのブランコやシーソーなども出したりします。そこまでは特に変わったことはなかったのですが、その後面白い物を見ました。日曜日に家族づれで散歩している人達の中に犬を連れている人がいました。その犬がどんな恰好していたと思いますか。四本の足に赤い靴をはかされていたのです。ずっと前に浅草でペット用の靴や服や帽子を売っている店を見たことがありますが、まさかあんな物を買う人がいるとは思いませんでした。」「このごろは動物気違いが多いのではないですか。」「家の近所に犬猫美容院があります。そこでは偽の宝石のついた首輪などを売っています。」「あ

あ、そうですか。この間お会いした時、お宅の猫ちゃんは、すてきな宝石のついた首輪をしていましたけれど、そこで買ったんですね。」

第八十三課　文学

「この頃の若い人達はあまり本を読まなくなりましたね。私達が若かった頃には、一生懸命源氏物語や枕草子など古典文学をよく読んだものでしたが、孫などは漫画しか読みません。」「読みたい本を全部買うことはできなかったので、図書館へ通ってよく読んだものでした。二十になった頃には平安時代の主な作品はほぼ全部読んでいました。特に清少納言の枕草子などは暗記するほど何度も読みました。」

「あなたは清少納言とか紫式部などの女流

るわよ。時計がせっけんの上に置いてあるわ。このせっけん随分ひからびているけど、使うことあるの。」「そりゃたまにはあるさ。僕は大学とアルバイトで夜帰ってくると、くたくたで、部屋なんか片付ける余裕なんてないよ。」「あなたこの前片付けたのはいつなの。」「この前おふくろが上京した時だから、六ヶ月前だよ。」「それにしても、ちょっとひどいじゃない？お母さんびっくりしちゃうわよ。」「片付け手伝ってくれないか。たのむよ。」

第八十一課　風邪

「元気がなさそうですね。」「ええ、風邪をひきました。」「熱もあるようですね。」「ええ、今朝三十九度以上ありました。」「薬を飲むか医者に見せた方がいいですよ。」「医者も薬も嫌いです。」「じゃあ、どうやって直すのですか。」「私は病気になると、一切化学薬品や抗生物質を使わないで、鍼や指圧や漢方薬で直します。風邪の時は何もしないで暖かくして、寝ているだけです。」「それで直るのですか。」「はい、直ります。しかし薬を飲むよりは時間がかかります。」「僕はせっかちなので、病気が自然に直るまで待っていられません。医者のところへ行って薬をもらって、はやく直した方がいいと思います。」

第八十二課　ペット

「先週学校の生徒に見せるため、日本文化についてのビデオを何本か見ました。そこは日曜日になると、デパートの近辺の大通りが全部自動車通行

やなくて、迷路です。ホームから地下の通路まで降りた後、どっちへ行ったらいいのかわからなくなってしまいました。右の方にも左の方にも同じように人が大勢歩いて行くので、まず左へ行ってみました。改札口で切符を渡した後、エスカレーターが見えたので、上が出口かと思いました。ところが、それはデパートへ入る入口でした。やっとのおもいで、新宿駅の地下の通路へ戻って、また切符を買って、右へ行きました。今度はやっと外へ出ることができましたが、東口じゃなくて西口だったので、どこがどこだかわからなくて、タクシーでここまで来ました。」「そうですか。新宿駅は簡単ですよ。乗り換える場合には電車と同じ色の表示板がありますし、『出口』『入口』もちゃんと書いてありますから、気をつけて見れば、すぐわかるはずです。」「そうですか。でも私みたいに色盲の人はどうしたらいいんです?」

第八十課　学生の部屋

「今週の金曜日におふくろが田舎から出てくるので、少し部屋を片付けなければいけないんだ。」「どうやってこの部屋を片付けるつもり?蒲団はいつから畳んでないの。机の上にたくさんの物が乗っているんじゃない?蒲団と机で部屋が一杯で、畳なんか見えないじゃない?この中でどうやって勉強してるの。ワイシャツの上に野菜が置いてあって、下着の横に砂糖が置いてあって…きたないナイフやフォークや箸が机の下におっこちてい

間があったら、書けないと言っている原稿を書きなさい。お金があれば、借金を返すことが先決でしょう。」

第七十八課　お正月の挨拶

「新年あけましておめでとうございます。」「あけましておめでとうございます。昨年中は色々とお世話になり、ありがとうございました。本年もよろしくお願いいたします。」「いや、こちらこそ、すっかりお世話になりました。今年もどうぞよろしく。あ、智恵子ちゃんは着物が似合って、かわいいね。」「正君もちゃんとお辞儀して…おじさんは今年外国へいらっしゃるのよ。」「政府の留学生として、ドイツへ科学の研究に二年ほど行きます。向こうでは学生生活をすることになる

と思います。」「ドイツですか。私はオーストリアのウイーンに音楽の勉強に一年ほど行ったことがあります。ドイツとオーストリアは似ているんでしょうね。なつかしいわ。思い出すわ。あの頃のオーストリアの生活。あちらにいらしたら、時々手紙を下さいね。」「なるべく書くようにしますが、最初はいそがしいから、そんなに書けないと思います。」「出発の日には兄とお見送りに行きますね。」

第七十九課　新宿駅

「遅かったですね。約束より三十分遅れていますよ。」「すみません。新宿駅でひどい目にあったのです。」「どうしたんですか。」「もう新宿駅はこりごりです。あれは駅じ

第七十六課　お金があれば

「ああ、お金が張ると頭が北枕になるよ。」「それじゃだめなのかい。」「日本では死人を北枕に寝かせる。つまり、北の方へ頭を向ける。だから日本人は北の方向に頭を向けることを嫌うんだ。」「頭が南の方に来るようにすればいいのだろう。でもそうすると、ここは斜面だから、足の方が高くなるよ。料理の方はどうだい？うまく行ってる？」「実はおしょうゆを忘れたから、味がよくないかもしれない。それにマッチが見当らないんだ。」「え、おしょうゆもマッチもないのか。ここまで来る途中に民宿が一つあっただろう。今夜はそこへ行った方がいいかもしれないね。」「うん。そうしよう。」

「お金があれば、こんな隙間だらけの寒い家に住まないで、コンクリート建てで、ソーラパネルの付いた家に住みたいなぁ。もしお金があれば、山中湖のそばに別荘を一軒建てて夏の二ヶ月避暑に行けば、いい原稿が書けるだろうな。」「ああ。あたしはお金があれば、ミンクのコートと鰐のハンドバッグと大きなダイヤモンドの指輪がほしいわ。」「お金があれば皆買ってやるよ。おれは光琳の絵が一枚ほしいな。それに、世界一周もしたくないか。世界中の首都をすべて見物しようよ。」「全世界の首都に行くつもり？数年はかかるわよ。」「世界一周は大変だからやっぱりやめよう。それよりタヒチに行ってきれいな娘さん達と海岸で踊ったり泳いだりしたいな。」「そんな夢を見る時

第七十四課　思い出

十二月、三十一日、七時、ミネさんは、シャンペンを持って、嬉しそうに藤村さんのドアのベルを鳴らします。「来てくれて、ありがとう。シャンペンをすぐ冷蔵庫に入れて冷やしておきます。まだ何もレヴェイヨンの準備をしていないんですよ。悪いんだけど、手伝ってくれませんか。」「もちろんいいですよ。何から始めましょうか。」「私は料理を作り始めますから、ミネさんはお皿を並べてくれませんか。」ちょうど準備が整ったとき、他の客がやってきた。「いらっしゃい。どうぞ、入ってください。あ、望美さん、その服すてきだわ。えっ、北野さんは？来ないの？」「ちょっと遅れるけど、原田さんと二人で来ますよ。毎年お正月になると、僕は子供の時のお正月を思い出すすよ。僕は父と家中の大掃除をして、母と妹は一日中お節料理を作っていたよ。一月一日の朝から親戚の年始あいさつ回りをするのは僕に一番つまらなかったが、お年玉がもらえるから嬉しかった。昔のお正月はよかったなぁ！」「佐藤さんはいつも子供のころの話ばっかりですね。」「じゃ、今年一年ご苦労様でした。みんなでカンパイしましょう。」

第七十五課　キャンプ

「ここは景色がいいから、ここでテントを張ろうか。ああ、疲れたなぁ…空気が澄んでいて、気持がいいな。君がテントを張っている間に、僕は晩飯の準備をしよう。この場所でテントを

を曲がれないから、スピードが出て、すぐ転ぶ。その上一人で起き上がれないから、そのたんびに起こしてやり、半日かかって、やっと一つの山から降りられた。その後はくたびれて山小屋から雪が降っているのを見ていただけなんだ。」「あらあら、せっかくのウイークェンドがだいなしだったわね。」

第七十三課 静かな晩

「ただいま。」「あっ、お父さん。お帰りなさい。今日は早かったのね。夕食の支度がまだできてないから、お風呂にでも入って、疲れを落としていてください。」「うん。」「あなた、食事ができましたよ。いつでも食べられますよ。おかん一つつけましょうか。」「うん、いい

な。お前も一杯どうだ。」「あたしはお茶の方がいいから、お湯を沸かしてきます。」「ああ、今晩は久し振りに早く寝られるな。」「そうですよ。たまには睡眠を十分取っていただかないと体がもちませんよ。」玄関から隣の人が「こんばんは。自動車があったので、いらっしゃると思って…」「ああ、せっかく今晩は早く寝られると思っていたのに…」「あいつが先月行ったヨーロッパ旅行の話を始めると、夜中の一時までかかってしまうからなあ。前からおしゃべりだったのに、あの旅行に行ってからますますおしゃべりになって帰ってきたからなあ。」「さあ、ようこそいらっしゃいました。ちょうどお噂をしていたところです…どうぞ、どうぞ…」

そうじゃない?」「勝明と同じようにスポーツや旅行、音楽が好きだと言っていたし、それに語学もよくできるそうだし、ブラジルへ行ってもきっとポルトガル語をはやく覚えるでしょう。」「向こうのお父さんもお母さんも感じがいい方達だし、彼女もお父さんが五六年前にアメリカに二年いた時、一緒に外国生活をしたから、ブラジルでも大丈夫よ。」「背もお兄さんよりちょっと小さくて、お似合いよ。」「勝明さんどう思いますか。」「うんうん。悪くないけれど、少し気になる事がある。」「あら、なぁに?」「お見合いの写真では振り袖を着ていたからわからなかったけれど、足が太いのが気になるなぁ。」「他が皆いいのだから、そのぐらいは我慢しなさい。」

第七十二課　スキー

「ウイークエンドは楽しかった?」「ひどい目に会った。もう二度とあいつとはスキーに行かない。」「あら、どうしたの。」「いつもスキーが上手だと自慢しているぁ谷沢君を知っているだろう。リフトで山の上まで行って、きれいな雪景色を見たところまではよかったのだけれど、皆が降りたのに、あいつだけ降りてこないんだ。二十分近くふもとで待ったけれど、来ないから心配して、わざわざまた上まで見に行ったら、こわくて降りられないとべそをかいていた。」「それでどうしたの。」「だから子供にスキーを教えてやるように、あいつの前をゆっくりと道を作ってやりながら降りていったんだ。でも上手にカーブ

も皇后陛下も夏はよく那須までいらっしゃいます。」「両陛下に国民がお目にかかれる時がありますか。」「お正月と陛下のお誕生日にはお姿をお見せになりますので、国民は皇居にごあいさつに行くことができます。宮中参賀といいます。皇居は東京の真中にあって、江戸時代の将軍のお城でした。その回りはひろびろとした公園になっていて、日曜日の朝など、そこにジョギングをしに来る人がたくさんいます。」

第六十九課　お見合い　1　「甥の勝明は日本経済新聞の記者をしていますが、だれかいい人がないでしょうかね。」「甥御さんはおいくつですか。」「今年二十八歳で、来年の秋ブラジルに転勤することになりまし

たが、その前に結婚させたいのです。」「どんな方がいいのですか。」「そうですね。やっぱり大学は卒業していて、でも働いたことがなくて、向こうでは接待が多いですから、お料理が上手で、社交性がある人が理想ですね。」「なかなかむずかしい条件ですね。あ、ちょっと待ってください。そう言えば、一週間ほど前に家内が友人の国会議員のお嬢さんの写真を見せてくれました。」「あ、それはいい話ですね。今晩さっそく家内と話してみます。後ほど連絡いたします。」（続く）

第七十一課　お見合い　2　「とても感じのいい方ね。きれいで、はきはきしていて、社交的なところがいいわね。」「趣味も合い

ぜですか。」「写真や絵ではくさるほど見ましたが、実物は見たことがありません。飛行機で東京へ来る時、見えることもあるそうですが、私は一遍も見たことがありません。去年の夏、伊豆半島まで出掛けました。そして山の上でこの方向に富士山があると聞きましたが、雲しか見えませんでした。知人の家族の方のお葬式で富士霊園へも行きました。が…」「あ、文学者の墓があることで有名な墓地ですよね。」「名前が富士霊園ですから、今度こそは富士山を見ることができるかと思いましたが、やっぱりだめでした。」「あなたが日本に来るのは夏でしょう。だから見ることができないのです。この次は十一月ごろいらっしゃい。そうすれば、どこからでもよく見えますよ。」「でも十一月には休みを取ることができません。だから私は一生富士山を見ることができないでしょう。」

第六十八課　皇室

「山手線の代々木駅と原宿駅の間にある駅には止まることがありませんね。」「あれは特別な駅です。」「いつ通ってもだれもいません。今でも使っているのですか。」「もちろんです。でも特別な場合だけです。あれは天皇陛下がお使いになる駅なのです。」「天皇陛下が汽車にお乗りになることがあるのですか。」「そうですよ。よくお乗りになります。天皇陛下のお住まいである皇居はあの駅の近くの千代田区にあります。でもそれは特別列車で、普通の人は乗ることができません。天皇陛下

ださい。」「そこにモデルが全部出ていますから、どうぞ手に取って御覧ください。」「たくさんありますね。値段もついていますよ。」「あんまりあるので、どれにしたらいいかわかりません。」「全自動がいいですか。どのメーカーにしますか。予算はどのぐらいですか。今はボディーの色はいろいろあります。どんな色がいいですか。」「むずかしいなあ。旅行用ですから、小さくて、軽くて、僕の鞄と同じ色のこのカメラにしましょう。」「いいんですか。そんな選び方をして…」

第六十六課　家を建てる　石井夫妻は家を建てることについて話しあっています。

「コンクリートで建てましょう。その方が地震が来ても、安全でしょう。」「でもおれは純日本風の家の方がいいな。四季を楽しめるからなあ。おれももう直定年になるから、庭で盆栽でもやろうかな。」「コンクリートの家でも盆栽はできますよ。」「庭を広くするか、建物を広くするかによる。」「部屋数はいくつにしましょうか。まず、応接間、それに食堂も大きく取りましょう。私達の寝室と博之と江利子さんの部屋を考えて、お風呂場は日本式にして、台所はモダンにしましょう。孫達にも部屋を一つつ準備しましょう。」「おれの庭はどうなるんだ。」「あら、もう場所がないわ。」

第六十七課　富士山　「富士山って本当にあるのですか。」「ええ、もちろんです。な

置いてある洗濯機で洗濯ができます。」「でも銭湯とは、男女別々に入るにしても、知らない人の前で裸になる所です。私だったら、はずかしいですね。」「でも私は全然平気です。眼鏡を取りますから、回りの人が気になりません。」

第六十四課　雑誌

「あなたの英語の勉強はいかがですか。」「ええ、大分進みました。」「どこで習っているのですか。」「個人レッスンの先生についています。やっと少し読めるようになりました。」「それじゃもう直シェークスピアでも読めるようになるでしょう。」「シェークスピアですか。僕には全然興味がありません。英語を習っているのは仕事関係の記事を読むためです。工業関係の雑誌を読みたいのです。」「へえ、まじめなんですね。」「父は農業関係の仕事をしているので、その方面の雑誌も読めるようになりたいのです。」「今は全部わからなくてもどんどん読んでみることですね。あ、何か英語の雑誌を手に持っていますか。見せてください。あれ！ロックの雑誌だ。」

第六十五課　カメラを選ぶ

「新婚旅行に行く前にデジカメを一つ買いたいのです。」「新宿に何軒も安いお店がありますよ。」「一緒に来てくれますか。」「いいですよ。一日の午後いかがですか。」「はい、結構です。よろしくお願いします。」カメラ屋で「小型の簡単なカメラをいくつか見せてく

心地がよくて、横浜から京都まで眠ってしまいました。あなたも一度乗ってみたらいかがですか。」「私は毎週仕事で新幹線で大阪まで行っています。」

ですね。日本の郵便配達はサービスがいいのですね。わざわざ時間をかけて捜してくれたのですから、この次は、急ぎの手紙には、住所を正確に書いてくださいね。

第六十一課　返事

「手紙を確かに夕べ受け取りました。ありがとうございました。電話で速達で送ってくれたと言っていたので、毎日ポストを見に行って、楽しみにしていました。ところが電話をもらってから十日後にやっと着きました。おかしいと思って封筒をよく見たら、住所が半分しか書いてありませんでした。東京都、北区、西ヶ原まではちゃんと書いてありましたが、その後番地が抜けていました。しかも、私も有名なのでそれでも着いたのですから、私も速達で送るよりも、住所を正確に書いてくださいね。

第六十二課　銭湯

「今私が下宿している所はお風呂もシャワーもありません。」「不便でしょう。」「ええ、でもすぐ近くに銭湯がありますから、毎晩行きます。その銭湯は立派で、湯槽は深く、ひろびろとしています。六時ごろ行くと満員ですが、夜の十時すぎはすいていて、その広い湯槽に浸っていると、いい気持になります。それに便利な設備がいろいろあります。たとえば、お風呂に入っている間に、玄関のところに

日曜日でもゆっくり休むことができません。」「今回は何の選挙ですか。」「都知事選挙です。」

第五十九課　故障

「もしもし、電気屋さんですか。こちらは竹内ですが、電気洗濯機が故障しているので、直しに来てくれますか。」「はい、かしこまりました。明日の水曜日の朝うかがいます。」次の日の朝「はい、洗濯機は直りました。ねじが五つ取れていました。」「あ、電気屋さん、ついでに掃除機も見てくれますか。」「はいはい、電気掃除機もね。おかしいな。これもねじが三つ足りませんよ。」「冷蔵庫もお願いできるかしら。」「奥さん、いったい、どういうことですか。皆ねじが抜けています。」「主人が四ヶ月前に会社を退職しました。それ以来、退屈して、家中の電気器具を全部分解して組み立てるのです。」「困ったことですね。」

第六十課　新幹線

「先週新幹線で九州の孫のところまで行きました。」「新幹線は初めてでしたか。」「はい、そうです。とても楽しかったです。六時間半しかかかりませんでした。昔と比べるとね。今の世の中は変わりました。車内から電話もかけました。しかし窓が開かないのは残念でした。」「それは冷房のためでしょう。」「確かにそうでしょうね。外はとても蒸し暑かったのですが、新幹線の中は冷房のおかげで、涼しくて少し寒いくらいでした。椅子も座り

第五十七課 歴史の道

「奈良に『歴史の道』というところがあるのを知っていますか。」「いいえ、聞いたことがありません。」「それは奈良の町の回りを通る道です。畑にそって、ほとんどの奈良の有名なお寺のそばを通ります。たとえば、東大寺、法隆寺、薬師寺、唐招提寺などです。小さくて静かなお寺のそばも通ります。歩いて行く人も自転車で行く人もいます。歩くと全部で十五時間ぐらいかかります。出来れば奈良に泊まって、毎日少しずつ歩いて見ることですね。」「あなたはその歴史の道を全部歩きましたか。」「以前二日だけ奈良へ行った時、三分の一歩きました。そのあと、足が痛くて、一週間近く歩くのがつらかったです。でもすばらしかったです。また行って見たいです。」

第五十八課 選挙

「今朝変な自動車を見ました。」「何が変だったのですか。」「ええと、車の回りにたくさんの旗がついていました。それに車の上にスピーカーがついていて、盛んに何かを言っていました。」「スピーカーは何を言っていましたか。」「人の名前を繰り返し、繰り返し、言っていました。」「ああ、それは選挙運動の自動車でしょう。大通りを走りながら、立候補者の名前を何度も繰り返して言います。」「日本ではそういうやりかたですね。」「変わった選挙運動の仕方です。」「選挙が近づくと町はうるさくなるでしょうね。」「そうですね。

第五十四課　海岸で　「まず海の家を借りましょう。荷物をここに置きましょう。」「さあ、水着に着替えて、すぐ泳ぎに行きましょう。哲雄は水中眼鏡を持ちましたか。真規は帽子を忘れないで…太陽が強いから、帽子を被らないと、今晩頭が痛くなりますよ。」「わあ、水は冷たいな。あそこの岩まで競争しよう。」「いいよ。でも僕が勝つよ。」「真規は危ないから、ここでおとなしくしていなさい。」「あら、アイスクリームを売っている。」「じゃ、この砂の上に座って食べましょう。」夜「日焼けで背中が痛くてたまらない。明日どうやって服を着ようかな。」

第五十五課　日本へ行く　「今年の夏のバカンスはどこへ行きますか。」「日本へ行きます。」「去年も行ったのではないですか。毎年行けて、うらやましいですね。」「ええ、そうですが、今年は汽車で行くんです。シベリア経由の汽車で行くんです。飛行機の方が速いですが、つまらないです。でもパリからモスクワまでは飛行機で行きます。そしてモスクワからウラジオストックまで汽車に乗り換えて、それから日本まで船か飛行機です。」「随分時間がかかるでしょう。」「ええ、しかしそれで行ったことのある友達によると、時間の感覚がなくなるので全然退屈しないそうです。」「いつ出発しますか。」「まだはっきり決めていませんが、七月の初めごろになると思います。」

第五十二課　スポーツ

「電車から見えるあの巨大な網は何ですか。」「ああ、あれ?あれはゴルフ練習場です。」「あれが、ゴルフ練習場ですか。」「日本のサラリーマンはゴルフをよくしますが、なかなか町の中では、練習する場所がありません。それで、広い田舎の練習場に行く代りに、建物の屋上に網を張って、ゴルフ練習場を作りました。」「日本では、他にどんなスポーツをしますか。」「サッカーも最近盛んになりました。」「佐々木さんは、何のスポーツが好きですか。」「野球が一番好きです。」「どこで野球をしますか。」「僕が好きなのは、テレビで見ることです。」「

第五十三課　見舞

橋本さんのお見舞に行かなければなりません。」「どこに入院していますか。」「日赤病院に入院しているそうです。」「何曜日にしましょうか。」「今日は水曜日ですから、明後日の金曜日にしましょう。」**金曜日**「お見舞に何を持っていきましょうか。」「果物かお花がいいですね。」「食べ物は控えた方がいいでしょう。腸の手術だったそうですから。このの赤いチューリップと黄色いチューリップを全部で十本持っていきましょう。」**病院で**「いかがですか。」「おかげさまで、大分よくなりました。あと一週間で家に帰れるそうです。」「それではお大事に。」「どうもわざわざありがとうございました。」

代美術館に行ったことがありますか。」「いえ、まだです」「明日またはあさって一緒に見に行きましょう。」「はい、ではさっそく明日の午後行きましょう。」美術館の中で「何を見ていますか。」「何ですか、これは?非常に不思議な絵ですね。」「顔だと思います。」「あ、そうですか。私には、猫に見えます。これが足で、これが頭でしょう。」「いいえ、そうではありません。これは人の目で、これは鼻ですよ。猫の頭ではないと思います。」「絵の題を見ましょう。何と書いてありますか。」「夢の森の鳥」

第五十一課　道を探す

「遅いですね。急いでください。約束の時間に間に合いませんよ。」「大丈夫でしょう。場所はどこですか。」「ナポレオンという名前のフランス料理のレストランです。」「どの辺にあるのですか。」サントリー美術館のすぐそばにあると聞きました。」「あ、港区にあるサントリー美術館の前「ここがサントリー美術館です。これからどう行きますか。」「この住所だけではわからないな。」「携帯で電話かけてみよう。」「あっ、充電がもうありません。」「この辺はとてもにぎやかですね。あそこの店でくわしい道を聞いてみましょう。」道を聞いてから「ちょっと遠いから急いでタクシーを見けましょう。」タクシーに乗ることにすればよかったのに…」

っています。」「もうどのぐらいなさっているのですか。」「五六年です。高校の時クラブ活動で始めたのがきっかけです。卒業してからなかなか吹く機会がありません。ですから最近は自分で吹くより、もっぱらCDやインターネットで聞いています。インターネットではいろいろな音楽のダウンロードができます。」「僕の家に音楽好きの仲間が十二人ぐらい日曜日に隔週で集まります。よろしかったら、いらっしゃいませんか。」
「ぜひ仲間に入れてください。その方が一人で練習するより楽しいです。」

第四十八課 秋の日の…

「もうそろそろ夏が終わりますね。秋の足音が聞こえるみたいですね。いわし雲が浮かんでいる空や夕焼けを見ると、この世が空しくなります。枯葉が落ちるのを見ていると悲しくなります。全く『秋の日のビオロンの溜息…』の詩のようですな。夏の終わりの日暮れの太陽の光が庭の柿の木の葉に輝いているのを見ると、もう秋になってしまったのかと思います。時があまりにもはやく過ぎるので、寂しい気持になります。人の命なんてはかないものですね。」「あら、あなたのご主人はロマンチックな方ですね。いつもこんな風ですか。」「いいえ。酔っ払った時だけです。お酒を飲んでいない時は現実的な人ですよ。そうでなければ、どうやって冷凍食品を売る商売ができますか」。

第五十課 美術館

「ところで新しい現

なお願いで悪いけれど、一万円貸してくれませんか。」

第四十六課　医者「あなたが胃が痛いと言っていましたので、私が知っているお医者さまに予約を取りました。」「ありがとうございます。胃潰瘍ではないかと心配しています。」「それは早くお医者さんへ行った方がいいですね。このごろは胃潰瘍でも早く治療すると、問題なく直るそうですから。」「それで予約はいつですか。」「再来週の水曜日の午後四時十五分前です。」病院で「おかけください。どうなさいましたか。」「食後一時間ぐらい経つと、胃がじんと痛くなります。胃潰瘍ではないでしょうか。」「ちょっと見てみましょう。舌を出してください。そのベッドに横になってください。ここを押すと、痛いですか。」「いいえ。」「ここは？」「いいえ。」「ここは？」「いいえ。」「大丈夫です。わかりました。何でもありません。ただの食べすぎです。一週間ぐらい胃を休ませるために、少し食物を控えてください。」「でも今晩、昇進祝いにフランスレストランに行くことになっていますが…」

第四十七課　音楽　カクテルパーティーで「何かお飲みになりますか。シャンペンはお好きですか。加藤さんから音楽がお好きだとうかがいましたが…」「はい。特にクラシック音楽が好きです。」「何か楽器をなさいますか。」「はい。オーボエを趣味でや

「プリンスホテルでございます。」「部屋の予約をおねがいしたいのですけれども…」「おー人さまですか。」「いいえ、家内と子供が二人います。」「大人二人、子供二人、四名さまですね。ご滞在はいつからいつですか。」「来月の十二日から十五日までおねがいしたいのですが…」「来月は大変混んでおりますので、ちょっと離れた二部屋ですが、よろしいでしょうか。」「同じ階ですか。」「はい、そうでございます。」「よくおねがいします。」「チェックインの時間は正午からでございます。ちょっと離れている部屋だけど同じフロアだって。」「それじゃ、仕方がないわね。まあ、いいわ。」

第四十五語　銀行

「度々日本に来るから、口座を開きたいのですが…口座は簡単に開くことができますか。」「はい。普通口座なら、外国人でも開くことができます。」「それでは、私も口座を開きましょう。後二日でカナダへ帰ります。帰国の前に、残った日本円を預けていくことにします。」「普通口座でも利子がつきますから、来年の冬また日本に遊びに来る時、お金が増えていた日本に遊びに来る時、お金が増えています。じゃ、明日一時半に銀行の前で会いましょう。」**翌日、銀行の前で**「予定外の買物をしたので、お財布が空っぽになってしまいました。だから口座を開くことができなくなりました。それに空港までのバス代もなくなってしまいました。空港では飛行場使用料も払わなければなりません。こん

変わった人です。今オペラを作曲しているそうです。とてもいそがしいと言っています。他の約束は断るのに、マージャンに誘うと必ず来ます。この間も、アルゼンチン料理をごちそうしてくれると言ったので楽しみにしていました。三時間前に電話がかかってきました。ですからお料理は作れなくなったそうです。でも食後にするマージャンは大丈夫だと言うのです。マノリータはいつもこの調子ですが、とても温かい人なので、友達がたくさんいます。今度紹介します。」

第四十三課 S.F.

あさって映画を見に行きます。」「どんな映画を見るのですか。」
「僕は S. F. が大好きです。あさって見に行こうと思っている映画は『宇宙冒険』というます。」「僕はもう見ました。おもしろいですよ。」それは二千五百六年に起こる物語です。地球のロケットの出発点は月です。そして他の星と惑星へそこから飛び立つのです。でも宇宙の果てから地球の安全を守るために、宇宙の彼方まで冒険に行くのです。そして敵国の悪者の妹に恋をするのです。最後はハッピエンドです。」「それなら宇宙冒険ではありませんね。恋の冒険ですね。話の内容を全部聞いてしまったのでもう見に行く気がしません。僕には、恋の冒険なんて興味がありません。」

第四十四課 ホテル

「おはようございます。

の中で吠えた時には、妹のかおるちゃんが驚いて泣きました。きっとこわかったのでしょう。パンダの檻の前はたくさんの人が並んでいたので見ることができませんでした。その代わり、お祖父さんがパンダの絵葉書を一枚ずつ買ってくれました。とても楽しい一日でした。

第四十課　工場見学　「ようこそいらっしゃいました。これから私共の工場をご案内しましょう。ここでは電気製品を主に作っています。どうぞ、こちらへ。足元に気をつけてください。ここはできあがった電気製品の倉庫です。できた年代ごとに置いてあります。右の建物は事務所です。左の建物は製造工場です。」「すみませんが、ち

ょっと質問があるのですけれども…。」「どうぞ。何ですか。」「工員が全然見えませんが、どこにいるのですか。」「前は工員がしていた仕事を今はロボットが全部してします。コンピュータがロボットを動かしています。」「失業者は出なかったのですか。」「工員は私達が持っているロボットを作る工場とコンピュータを組立てる工場で働いています。」

第四十一課　変わった人　「私の友達のマノリータに会ったことがありますか。」「会ったことがありません。」「とてもおもしろいアルゼンチン人です。」「女の作曲家ですか。めずらしいですね。」「そうですね。でもマノリータは

いところがたくさんありますから、説明してください。『名前』と『苗字』の意味はわかりますが、『国籍』とは何ですか。」「『国籍』というのはあなたはどこの国の人ですかということです。必ずしも生まれた国ではありません。たとえば由美さんはオーストラリアで生まれましたが、国籍は『日本』です。あなたの国籍は『スペイン』ですね。」『住所』はわかります。住んでいる所です。」『職業』とはどういう意味ですか。」「あなたがしている仕事のことです。」「この書類は何のための物ですか。大学に入学するためですか。」「いいえ。テニスクラブに入るためです。」

第三十九課　両親への手紙　おとといの木曜日はお祖父さんとお祖母さんと上野の動物園へ行ってきました。私達は初めて動物園へ行ったので、大喜びでした。一時間以上並びました。「どうしてこんなに皆並ぶのですか」とお祖父さんに聞きました。「春は子供が生まれる季節なので、皆見に来るのです」とお祖父さんが答えました。先ず首が長いきりんを見ました。それからしわだらけの三頭の象を見ました。一頭は耳が小さいアフリカ象でした。もう二頭は耳が大きいインド象でした。愛嬌がいい熊はピーナツをむしゃむしゃ食べていました。川崎先生によく似た猿が木の枝から枝へ飛び移っていました。眠そうな目をしたらくだがゆっくり歩いていました。ライオンが檻

ずしもそういうわけではありません。昔はそれでもハチ公は毎日上野さんを迎えに行き公家と武家の人しか苗字がありませんでした。毎日何時間も待ちました。段々平民も苗字を持つことになりました。平民は田舎に住んでいる人がほとんどさんは帰ってきませんでした。何年間もの間、ハチ公は毎日上野さんを迎えに行きました。どういう苗字を付けようかと思った時、自然に関係がある苗字を作りました。ある日、ハチ公も死にました。渋谷たとえば、山に田を持っていた人は『山の人々はハチ公に感心したので、駅の前に田』という苗字になりました。『渡辺』といハチ公の銅像を建てることにしました。今う名前は川を渡る所に住んでいた人に付けではハチ公の銅像は有名です。日本中の人た名前です。『山中』という名前は山の中にが皆その話を知っています。渋谷駅の前で住んでいるという意味です。だから日本人人と会う約束をする時、人々は必ず『ハチの苗字を覚えることはむずかしくありませ公の銅像の前で会いましょう』と言いまん。」す。」「今晩渋谷の辺りで、一杯いかがですか。」「じゃ、ハチ公の前で会いましょう。」

第三十七課　ハチ公(続き)　「ハチ公は秋田犬ですから、飼い主によく仕えます。でも

第三十八課　書類　「この書類はわからな

した。随分昔のことです。上野英三郎さんという大学の先生がいました。ハチ公という犬を飼っていました。毎朝上野さんが大学へ行く時、ハチ公はいつも駅まで送っていきました。夕方上野さんが大学から帰ってくる時、ハチ公はかならず迎えに行きました。」「かわいい犬ですね。」(続く)

第三十四課 不動産屋さん

「青山辺りに家を捜しているのですが、何かありませんか。」「アパートですか、一軒家ですか。」
「庭つきの一軒家に住みたいです。庭は大きい方がいいです。ダイニングとリビングは別れている方がいいです。妻がお茶と生け花をしますから、八畳ぐらいの和室もほしいです。車が二台入るガレージも必要です。」「台所はどうしますか。」「お客が多いので、便利に使える台所がいいです。家賃はどのぐらいになりますか。」「一ヶ月百万円です。それに敷金と礼金は二ヶ月分です。」「そんなに高いのですか。私には払うことができません。あきらめます。

第三十六課 苗字

「日本人の苗字は自然の物を表す名前が多いですね。」「そうですね。それに同じ苗字を持っている人がたくさんいます。電話帳には同じ苗字が何ページも続くことがあります。たとえば、山田とか田中とか鈴木などという名前です。」
「どうしてそんなに同じ名前の人がいるのですか。皆親戚の人ですか。」「いいえ。必

この傘は安いですね。主人がこの間姉からもらった傘を電車に忘れたのですよ。あら、この水色の縁が付いたガウンも安いですね。」「一時間後「さあ帰りましょう。帰りに銀行に寄ってもいいですか。お金を全部使ってしまいましたので…」

第三十二課　高速道路 「伯父が自動車を貸してくれたので、先週の週末、会社の同僚と関西旅行をするつもりで出発しました。」「いかがでしたか。」「最初は国道を走りましたが、混んでいましたので、高速道路で行くことにしました。高速道路ではスピード制限が八十キロなので、はやく進みませんでした。それにトラックがたくさん走っていました。トラックを追い越すことはむずかしいです。すぐスピード違反になります。ですから日本での自動車旅行は時間がかかります。急いでいる時は汽車か飛行機で旅行した方が速いです。それに高速道路はいつも有料ですから高くつきます。」「関西はいかがでしたか。」「それが…静岡辺りでスピード違反でパトカーに捉まってしまいました。すごい罰金を払うことになりました。それで予算が足りなくなったので、そのまま東京に戻りました。」

第三十三課　ハチ公 「渋谷駅の前にある犬の銅像は何ですか。」「これはハチ公という犬の銅像です。」「なぜ犬の銅像などを作ったのですか。」「これは話すと長くなりますが…ハチ公という犬はとても感心な犬で

チの演奏はないわ。歌舞伎にしましょう。あたしが切符を買っておくわ。」「じゃたのむよ。」「あ、これ先週のぴあよ。」

第三十課　夏休み

「お久しぶりですね。夏休みはどこへ行ったのですか。」「大島へ行ってきました。瀬戸内海の西にある島です。そこは太陽の光が強いです。ですから、一日中泳ぐか昼寝しかできません。毎朝六時半に起きました。その時間は海へ泳ぎに行きました。朝日が水平線から出てくる眺めはすばらしいです。日中はとても暑いです。村の人は働いていますが私は昼寝をしていました。島で食べた魚や貝類

はとてもおいしかったです。その日に釣れた魚ですから、とても新鮮です。うらやましいですね。また来年の夏も行くつもりです。」「うらやましいですね。」

第三十一課　バーゲン

「旅行に出る前に、小さい手提鞄とタオルを三枚と香水が買いたいです。」「今三越デパートがバーゲンをしていますから、そこで買いましょう。散歩がてら東京駅から歩いて行きましょう。」「それはいい考えですね。」「あ、雨が降ってきましたから、地下鉄に乗りましょう。」「あそこにかかっている赤いタオルと青いタオルはどんな色がいいですか？」「あ、それと三枚目にはペアで買いましょう。」「それと三枚目にはその横にある白いタオルはいかが？」「あ、

ましょう。」「はい、そうしましょう。」

第二十七課 飛行場に着く 「もしもし。正子です。」「飛行機は決まりましたか。いつ着きますか。」「JAL四百五十三便で、しあさっての午前七時十五分に成田空港に着きます。」「飛行場まで迎えに行きますからね。」「朝早いから、箱崎のエアターミナルまでリムジンバスで行きます。そこで会いましょう。」「大丈夫ですよ。早く会いたいから飛行場まで行きます。必ず行きますから、待ってください。」「そうですか。悪いわね。」「荷物はたくさんありますか。」「小さいバッグ二つだけです。」「えっ。それだけ。おみやげは？」「心配しないで。いい物を買って来ました。」「じゃ。兄と一緒に税関を出た所で待っています。」「それでは、よろしくおねがいします。」

第二十九課 誕生日 「今度の火曜日は、あなたの誕生日だから、どこかでお食事しましょう。それからお芝居か音楽会に行かない？」「てんぷらが食べたいな。」「じゃそれなら上原さんが教えてくれたお店に行きましょう。」「ぴあはどこ？」「そこのピアノの上にあるから取って。」お芝居は何ページに出ている。音楽会は。音楽会なら今サモロビッチが日本に来ているから、聞きに行きましょう。それとも歌舞伎なら今五三郎が『四谷怪談』をやっているわよ。あなたはサモロビッチと五三郎とどっちがいいの。火曜日はサモロビッチあ、ちょっと待って。火曜日はサモロビッ

ートがみつかりました。とても狭いです。けれども駅から歩いて五分です。」「それは便利ですね。でもうるさくありませんか。」「電車の音は全然聞こえませんが、隣の幼稚園の子供がうるさいです。」「何階ですか。」「四階です。」「眺めはいかがですか。」「それが…ちょうど向かいに二十階のビルが立っていますから、何も見えません。家賃だけが気に入っています。それほど高くありません。」

第二十五課　小説

「今小説を書いています。」「へえ、どんな小説ですか。」「推理小説です。」「出版するつもりですか。」「まだわかりません。」「どんな話ですか。」「主人公はファッションモデルです。知らないでスパイと結婚します。」「おもしろそうですね。何ページぐらいになりますか。」「五百ページぐらいになると思います。」「へえ。長いですね。もうどのぐらい書きましたか。」「まだ五ページです。」

第二十六課　中国へ行く

「来年の春に中国へ行くつもりでした。」「中国語はできますか。」「私はできません。けれども息子はよくできますから、つれて行くつもりでした。しかし息子は都合が悪くなりました。」「中国へ何をしに行きますか。」「仕事と観光です。」「私は中国語が少しできますから、お供しましょうか。それに来年の春は暇です。」「それはたすかります。ぜひおねがいします。今度の月曜日の晩一緒に食事をし

す。」「ありがとうございます。たすかりました。三日前から禁煙していましたが、続きませんでした。」「つらいですね。僕も禁煙していますが、タバコがすいたいな。」「それでは一緒にタバコ屋へ行きましょう。」

第二十二課　郵便局　「郵便局はどこにありますか。」「すぐ後ろにあります。」「どうもありがとう。ギリシャへの航空郵便葉書の料金はいくらですか。」「イギリスまでですか。」「いいえ。イギリスまでではありません。ギリシャまでです。」「ああ。ギリシャですか。ちょっとお待ちください。今調べますから。はい、あります。ギリシャまでは、葉書一枚、百十円です。十枚で千百円になります。」「はい。千百円です。」「ありがとうございます。」

第二十三課　仕事　「上の息子さんはお元気ですか。」「今年大学を卒業しました。」「東大でしたね。」「はい、そうです。」「それはおめでとうございます。どこにお勤めですか。」「四月から自動車関係の会社に勤めています。」「それはよろしいですね。」「でも今入院しています。五月に交通事故にあいました。」「それはお気の毒に。その後いかがですか。」「おかげさまで、よくなりました。来週退院します。」「安心しました。」

第二十四課　アパート　「やっといいアパ

第十八課 本屋 「いらっしゃいませ。」「トルストイの『戦争と平和』はありますか。」『戦争と平和』ですか。はい、あります。しょうしょうお待ちください。」「それから料理の本を見せてください。」「日本料理ですか、フランス料理ですか、中華料理ですか。」「実は今家内が留守です。自分で料理をしなければなりません。」「それではこの本をおすすめします。実は私もこれで作ります。簡単にできます。」「それではこれにします。」「毎度ありがとうございます。」

第十九課 コンサート 「このうつくしい人はだれですか。」「この写真の人ですか。」「はい、そうですか。」「山口文子です。」「女優ですか。」「いいえ、女優ではありません。

歌手です。」「どんな歌を歌いますか。」「ジャズです。こんどの土曜日にサンプラザでコンサートがあります。一緒にいかがですか。」「とてもざんねんですが、都合がわるいです。」「ざんねんですね。写真よりもっとうつくしい人ですよ。」「ほんとう。約束をやめようかな。でもそれはむりだなあ。」「それではまたこの次の機会にお誘いしましょう。」「ぜひおねがいします。」

第二十課 禁煙 「この辺にタバコ屋がありますか。」「あります。」「遠いですか。」「いいえ、そんなに遠くありません。」「どこですか。」「本屋の隣です。まずこの道をまっすぐ行きます。それから左にまがります。その隣で右側に大きい本屋があります。その隣で

た。子供が二人います。女の子と男の子です。」「お嬢さんはいくつですか。」「今十五歳です。」「え?」「お坊ちゃんはいくつですか。」
「まだ一歳です。」

第十六課 日曜日

「今日は日曜日です。お天気がいいですね。ピクニックに行きましょうか。」「いいですね。田中さんと山本さんを誘いましょう。」「ああそれはいい考えですね。」「どこへ行きましょうか。」「江ノ島はいかがですか。何を持って行きましょうか。」「サンドウイッチにお寿司にみかんにお菓子。子供のためにジュースも持って行きましょう。」「田中さんと山本さんに

すぐ電話をかけましょう。」「はい。おねがいします。」

第十七課 のみの市

「その箱の右の茶碗はいくらですか。」「これですか。」「いいえ、その左の茶碗です。」「三万円ですか。」「ええと…これは三万円です。」「三千円ですか。高いですね。」
「あ、ごめんなさい。三千円です。」「ちょっと見せてください。」「はい、どうぞ。」
「古いものですか。」「そうですよ。江戸時代のものです。」「ではこれを下さい。はい三千円。」「どうもありがとうございます。」
「あれ。茶碗の裏に『Made In Hong Kong』と書いてある。やられた。」

ビで何を見ますか。」「ニュースとドラマを見ます。」「どちらが好きですか。」「どちらも好きです。」

第十一課　朝　「朝何時に起きますか。」「十一時に起きます。」「遅いですね。夜何時に寝ますか。」「夜中の三時に寝ます。でも今日は十時に起きました。」「それでも遅いですね。」「午後から夜中までバーで働いています。」「それならわかります。大変ですね。」

第十二課　喫茶店　「こんにちは。」「こんにちは。」「あそこの喫茶店へ行きましょう。」「いらっしゃいませ。」「山田さんは何にしますか。」「私はコーヒー。」「じゃあ、コーヒーとビールを下さい。お菓子を食べましょうか。」「いいえ、けっこうです。」「本当ですか。」「ええ、本当にけっこうです。今ダイエットをしています。」「ああ、そうですか。いつから。」「昨日から。」

第十三課　約束　「今朝フランス人の友達をデパートの前で一時間待ちました。」「随分待ちましたね。」「はい。」「来ましたか。」「いいえ、来ませんでした。」「どうしたのでしょう。」「わかりません。」「こまりましたね。」「ええ、買物ができませんでした。今晩友達に電話をします。」

第十五課　紹介　「小林道子と申します。三年前に結婚しまし

第六課　東京スカイツリー　「東京スカイツリーを知っていますか。」「はい、知っています。」「ここからどう行きますか。」「まず船橋駅までバスで行きます。近いです。それから押上駅まで電車で行きます。押上駅からスカイツリーまで歩きます。おもしろいです。スカイツリーに水族館があります。おみやげの店もたくさんあります。」

第八課　映画　「昨日何をしましたか。」「友達が来ました。一緒に映画に行きました。」「何の映画を見ましたか。」「アメリカの映画を見ました。チャップリンの「モダンタイムズ」を見ました。」「おもしろかったですか。」「わかりません。眼鏡を忘れました。よく見えませんでした。」

第九課　中華料理　「今晩中華料理を食べましょうか。」「ああ、いいですね。中華料理が大好きです。」「私も。スープと肉と魚をとりましょう。」「そうですね。」「お箸で食べますか。」「いいえ、フォークで食べます。」「おねがいします。フォークを下さい。」「はい、どうぞ。」「ありがとう。おいしいですか。」「はい、とてもおいしいです。」「また来ましょう。」

第十課　テレビ　「お相撲を見ましたか。」「はい、テレビで見ました。」「そうですね。」「またお相撲のシーズンですね。」「よくテレビを見ますか。」「時々見ます。」「テレ

第一課　「早く。行きましょう。」「わかりました。どこへ。」「あそこへ。」「暑いですね。」「そうですね。」

第二課　ピカソ展　「見ましたか。」「何を。」「ピカソ展。」「まだです。」「いいですよ。」「そうですか。あした行きます。」

第三課　朝食　「おはようございます。」「おはようございます。」「パンを食べますか。」「食べます。」「コーヒーを飲みますか。」「飲みます。」「ビールを飲みますか。」「飲みません。」「りんごを食べますか。」「食べません。」「それでは卵を食べますか。」「食べます。」

第四課　税関　「カメラを持っていますか。」「はい、持っています。」「どこにあります か。」「トランクの中にあります。」「トランクの中に何がありますか。」「服と本があります。」「それだけですか。」「はい、そうです」「お酒？」「ありません。」「はい、けっこうです」

第五課　買物　「どこへ行きますか。」「デパートへ行きます。」「一緒に行きます。何を買いますか。」「靴下を買います。」「着きました。入りましょう。」「ここに靴下がありますね。」「そうですね。」「でも高いですね。」「やめます。」

Indice dei kanji

Questo indice è volutamente presentato come i normali indici giapponesi di kanji, secondo i seguenti principi:

1. I kanji vengono classificati innanzitutto per numero di tratti. È dunque fondamentale saper contare il numero di tratti di un kanji, ed è per questo che vi abbiamo dato tutte le indicazioni opportune nel corso di questo studio.

2. I kanji che presentano lo stesso numero di tratti sono classificati in base al radicale (ritornate all'Allegato 1).

3. Nel caso in cui due kanji abbiano lo stesso radicale e lo stesso numero di tratti, vengono classificati secondo l'ordine della loro pronuncia **ON**, seguendo il sillabario kana (a, i, u, e, o, ka, ki, ku ke, ko ecc.). Qualora le letture **ON** di un kanji non fossero citate in questo manuale, perché poco utilizzate, sarà la lettura *kun* più usuale a fare da riferimento.

Accanto a ogni kanji trovate il numero di pagina alla quale è stato presentato in questo manuale.

Se desiderate avere a disposizione uno strumento completo che vi possa aiutare nel vostro percorso di apprendimento, vi consigliamo quello che è considerato il dizionario di riferimento per i kanji, presentandone oltre 7000:

HAIG (John H.), NELSON (Andrew N.), *The New Nelson Japanese-English Character Dictionary*, Tuttle Publishing, North Clarendon, VT, USA, 1997.

1 tratto
一 3

2 tratti
七 13
九 17
二 5
人 24
入 5
八 14
十 19

3 tratti
下 10
三 6
上 42
丈 54
万 32
久 60
亡 85
千 32
口 37
土 38
士 142
夕 78
大 18
女 27
子 23
小 26
山 22
川 84
工 93

4 tratti
不 78
中 8
予 75
五 9
互 176
井 139
介 25
今 18

元 43
公 50
六 11
円 32
内 34
切 59
分 25
化 162
区 116
午 21
反 73
友 16
太 62
天 29
夫 54
少 52
引 187
心 46
戸 32
手 37
支 150
文 37
方 74
日 15
月 44
木 83
止 144
比 130
氏 165
水 13
火 56
父 70
片 160
牛 189
犬 76
王 185

5 tratti
世 110
主 50
以 89
仕 42
他 97

代 33
付 68
兄 55
写 36
出 50
加 107
北 133
巨 117
半 63
去 122
右 31
可 88
古 32
司 88
史 123
台 80
四 7
圧 163
処 187
冬 102
外 102
失 96
左 31
市 31
布 103
平 34
幼 48
広 118
弁 181
必 55
払 75
札 159
本 9
末 71
正 53
母 89
民 84
玄 136
玉 152
甘 183
生 56
用 104
申 26

田 22
由 86
白 68
皿 152
目 67
石 139
示 159
礼 81
立 49
込 184
辺 39

6 tratti
両 88
争 34
交 45
伊 143
仮 144
会 14
伎 58
休 60
件 148
仲 109
伝 152
光 52
充 117
先 60
全 47
共 94
再 28
列 145
印 170
危 121
吉 170
吸 180
向 49
后 145
合 38
同 71
名 62
回 123
団 160
在 87

地	66	住	26	決	53	参	146
多	81	体	151	沢	149	受	133
好	18	何	6	状	171	取	57
字	82	似	91	男	28	周	156
存	187	余	161	町	118	味	85
安	46	冷	113	社	44	命	112
宇	98	初	72	私	19	和	34
守	35	別	79	究	158	国	51
宅	164	利	47	系	185	夜	21
寺	124	努	182	臣	185	奈	123
当	23	労	153	良	123	妻	80
州	130	医	104	花	80	始	108
巡	189	卵	7	見	6	姉	68
年	27	君	149	言	5	姓	189
式	141	吹	109	谷	58	妹	93
成	53	吠	92	豆	143	学	43
早	3	呂	134	貝	64	季	89
曲	97	囲	169	赤	67	官	184
有	74	困	129	走	72	実	28
機	161	図	166	足	76	宙	98
朴	176	坊	29	身	176	定	103
次	38	売	114	車	12	宝	164
死	86	完	168	近	12	居	57
毎	36	寿	30	迎	54	屈	122
気	29	局	41	返	126	岩	121
池	168	廷	167	阪	132	岸	63
江	30	弟	188	麦	60	岡	75
百	42	形	190			店	13
竹	127	役	186	**8 tratti**		府	157
米	174	応	140	事	42	彼	100
考	30	忘	17	京	11	怪	58
耳	91	我	149	舎	84	性	147
肉	19	戻	76	使	69	念	131
自	35	抗	162	供	27	所	55
舌	106	抜	129	例	78	房	131
色	61	改	159	具	129	押	106
芝	56	条	147	典	165	招	125
行	4	束	23	並	89	昇	107
西	61	村	63	刻	187	昔	77
		来	16	刷	172	明	56
7 tratti		沖	177	制	72	服	8
伯	70	汽	74	卒	43	枝	92
作	35	求	168	卓	185	果	99

• 251

東	11	乗	67	洗	128	首	90
杯	86	係	44	派	134	香	65
板	159	侵	99	洋	174		
枚	42	信	179	点	99	**10 tratti**	
枕	154	便	40	狭	46	個	137
林	26	前	24	界	156	候	127
欧	174	南	154	畑	124	借	119
武	83	品	94	発	71	修	189
歩	12	型	138	皇	144	倉	94
毒	45	城	146	皆	83	値	138
泳	62	変	22	盆	140	俳	190
治	105	奏	59	相	20	凍	113
泣	93	姿	145	研	158	帰	69
波	180	客	81	砂	121	勉	136
泊	125	室	80	祝	107	原	57
法	124	封	133	祖	88	員	96
沸	150	屋	33	秋	85	哲	120
版	50	度	36	科	158	唐	125
物	9	建	86	紀	169	夏	60
画	15	後	21	約	23	娘	141
的	113	待	24	美	87	孫	130
直	106	恰	163	耐	168	家	34
盲	160	急	73	胃	104	宮	145
知	11	思	51	背	122	容	100
空	41	指	156	草	164	将	146
突	171	持	8	荘	155	展	5
者	96	故	45	茶	22	島	30
肯	175	政	157	茄	182	師	125
英	78	映	15	要	81	席	185
苦	153	昨	15	計	160	帯	117
苗	82	昭	175	軍	146	庫	95
若	165	是	130	追	73	座	101
表	82	星	99	送	78	庭	79
述	178	春	51	退	46	徒	163
邪	162	昼	63	迷	158	息	43
金	41	冒	98	郎	58	恋	100
長	51	柿	111	重	183	挙	126
雨	66	枯	110	限	72	捜	79
青	67	染	182	面	137	捕	188
非	114	段	84	音	47	捉	75
		浅	164	風	112	振	148
9 tratti		海	61	飛	53	料	17
単	36	活	108	食	7	旅	65

時	20	陛	145	現	113	魚	19
書	33	高	10	理	17	鳥	116
案	94			産	79	黄	119
校	108	**11 tratti**		略	100	黒	188
栽	140	側	40	盛	118		
桜	178	偽	164	眼	16	**12 tratti**	
残	102	動	44	眺	48	傘	68
浮	110	務	95	移	92	備	135
浸	135	商	114	窓	131	割	186
浜	132	問	96	第	3	勤	44
流	167	堂	141	符	59	勝	121
特	107	婚	27	組	96	喫	22
留	35	寂	112	経	106	善	179
疲	150	宿	134	終	109	喜	89
病	97	寄	69	紹	25	場	53
益	187	崎	54	習	4	報	182
真	36	常	115	翌	103	奥	129
眠	92	帳	82	脳	177	寒	132
破	172	強	62			富	142
笑	180	張	118	望	152	就	180
紙	88	御	138	船	122	帽	120
純	139	悪	52	菓	23	弾	188
素	176	戚	83	菜	161	復	14
納	166	掛	143	術	114	情	176
航	41	授	181	規	120	悲	111
華	17	推	49	許	87	惑	99
荷	55	接	140	設	135	換	122
被	120	掃	128	訪	171	提	65
袖	149	探	116	訳	4	散	66
記	137	控	106	貨	171	替	119
財	103	描	172	転	125	景	150
起	20	教	57	週	46	最	71
軒	79	斜	154	進	73	暑	4
造	95	断	97	都	38	晴	183
速	70	族	13	部	69	晩	18
通	45	械	144	郵	40	普	101
途	154	混	72	酔	113	朝	6
連	148	済	147	野	77	椅	132
酒	9	渋	76	釣	64	森	116
配	55	涼	132	険	98	温	97
院	45	清	166	隆	124	湖	155
降	66	深	135	雪	150	港	54
除	128	球	98	頃	158	渡	84

• 253

湯	134	開	101	煙	39	僕	40
満	135	間	24	猿	92	僚	71
然	47	階	48	環	186	境	186
煮	181	随	25	盟	175	増	103
無	141	陽	62	睡	151	墨	179
焼	61	雄	120	碗	31	察	184
猫	115	集	109	禁	39	徳	173
甥	147	雲	110	福	173	態	171
畳	80	雰	169	稚	48	慢	149
番	118	飲	7	節	90	旗	126
痛	104	飯	153	継	177	暮	111
短	179			続	40	構	138
税	8	**13 tratti**		置	95	様	153
答	90	催	177	聖	172	歌	37
筒	133	働	21	腸	119	歴	123
絵	93	勧	175	腹	183	演	59
結	27	勢	159	蒲	160	漫	166
紫	167	園	48	蒸	131	熊	91
絡	148	墓	144	裏	33	瘍	105
着	10	夢	116	裸	136	稲	174
葬	143	嫌	154	解	129	種	188
葉	5	嫁	170	試	186	算	76
落	110	寝	21	詩	111	網	117
補	127	幹	130	詳	142	維	173
裕	161	愛	91	話	14	緒	10
覚	85	意	85	賃	49	総	184
証	88	感	77	路	70	緑	114
詠	179	想	147	載	142	練	4
象	90	戦	33	辞	157	罰	75
賀	146	携	117	農	137	閏	47
貸	70	数	140	違	73	製	94
買	9	新	64	遠	39	語	51
費	180	暗	166	鉄	66	誘	29
越	65	暇	52	鈴	82	誌	136
軽	139	暖	163	隔	109	説	49
運	127	楽	57	隙	155	読	137
遅	20	業	43	電	12	踊	157
過	112	歳	28	靴	10	銀	69
遂	190	漢	163	預	102	銭	133
達	16	源	165	飼	78	銅	77
道	26	準	141			閣	167
遍	142	滞	87	**14 tratti**		関	8
遊	102	溜	111	像	77	際	170

障	127	箸	19	築	189	難	177
雑	136	縁	68	糖	161	顔	115
静	75	線	63	興	101	題	105
鞄	65	縄	178	薬	124	類	64
駅	12	舞	58	親	83		
鳴	151	蔵	128	諺	178	**19 tratti**	
鼻	115	課	3	諭	174	瀬	61
		誕	56	避	155	繰	126
15 tratti		談	59	隣	39	警	184
億	148	調	41	頭	90	鏡	16
儀	157	質	95	頼	181	離	101
嘘	169	賓	183	館	13	願	104
噂	151	趣	108			鶏	181
器	108	輝	112	**17 tratti**			
嬌	91	輩	175	優	37	**20 tratti**	
幣	172	輪	156	濯	128	嬉	151
慮	170	選	126	療	105	懸	165
撲	20	震	139	覧	138	競	121
敷	81	霊	143	鍼	162	籍	86
敵	100			鮮	64	議	115
槽	134	**16 tratti**				鰐	156
横	67	嬢	28	**18 tratti**			
潰	105	憲	173	曜	29	**21 tratti**	
澄	153	整	152	璧	168	躍	173
熱	162	曇	182	簡	35	魔	167
確	131	機	38	職	87		
稿	155	橋	119	藤	107	**22 tratti**	
箱	31	燃	169	観	52	驚	93

• 255

Il giapponese
con Assimil è anche:

Il giapponese - Collana Senza Sforzo

Quaderno di esercizi. Giapponese, primi passi

Quaderno di scrittura. Giapponese, vol. 1

Quaderno di scrittura. Giapponese, vol. 2

Giapponese - Guida di conversazione

MISTO
Carta da fonti gestite
in maniera responsabile
FSC® C006037

Questo libro rispetta le foreste!

La scrittura giapponese (kanji) - Collana Senza Sforzo
Stampato in Italia - ottobre 2019
Stampa: Vincenzo Bona s.p.a. - Torino